# Faux-vitrail

## L'art de simuler l'effet vitrail
### Tome 2

D1719939

Julie Lafaille

# Faux-vitrail
## L'art de simuler l'effet vitrail
## Tome 2

 Broquet

97-B, montée des Bouleaux, Saint-Constant, Qc, Canada, J5A 1A9
www.broquet.qc.ca   info@broquet.qc.ca
Tél. : 450 638-3338   Téléc. : 450 638-4338

Catalogage avant publication de
Bibliothèque et Archives nationales du Québec
et Bibliothèque et Archives Canada

Lafaille, Julie, 1972-

Faux-vitrail : l'art de simuler l'effet vitrail

(Inspiration artistique)

ISBN 978-2-89654-413-4 (vol. 2)

1. Peinture sur verre - Technique. 2. Verre - Travaux
d'amateurs. I. Titre. II. Collection : Inspiration artistique.

TT298.L33 2013     748.5028'2     C2013-940356-6

Nous reconnaissons l'aide financière du gouvernement du
Canada par l'entremise du Fonds du livre du Canada pour nos
activités d'édition. Nous remercions également l'Association pour
l'exportation du livre canadien (AELC), ainsi que le gouvernement
du Québec : Programme de crédit d'impôt pour l'édition de livres
– la Société de développement des entreprises culturelles (SODEC).

Copyright textes, photos et patrons © Julie Lafaille
Révision : Andrée Laprise
Correction d'épreuves : Diane Martin
Infographie : Josée Fortin, Sandra Martel

Copyright © Ottawa 2014 Broquet inc.
Dépôt légal — Bibliothèque et archives nationales du Québec
4e trimestre 2014

Imprimé en Malaisie

ISBN 978-2-89654-413-4

# Table des matières

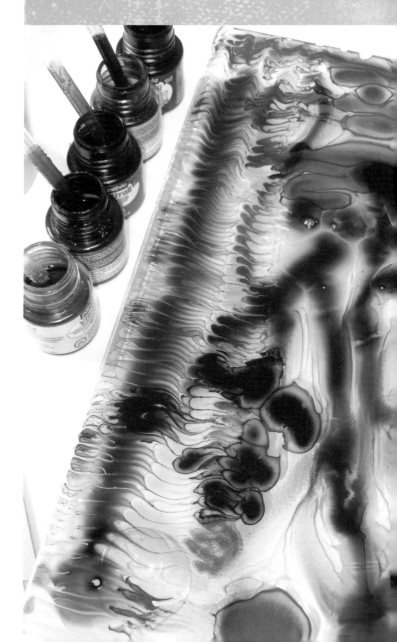

# Mot de l'auteure

Un monde de possibilités !

Quand on m'a demandé de rédiger un deuxième ouvrage sur le faux-vitrail, ma première réaction (à part l'agréable surprise) a été : mais que puis-je dire d'autre sur le sujet ? J'avais l'impression d'avoir tout dit, tout expliqué, tout décortiqué ! Construire un livre à partir de rien était déjà un grand défi, puisque je n'avais trouvé aucun autre ouvrage sur le sujet pour m'y référer. J'avais donc dû tout inventer en commençant par expliquer les bases, les produits, les étapes de réalisation, les principales techniques de peinture pour me rendre compte que déjà le livre affichait complet. Les idées qui ont été mises de côté, faute de place, me sont alors vite revenues en tête et il m'a semblé évident que j'avais encore beaucoup d'autres choses à dire sur le sujet.

C'est donc avec grand plaisir que je partage avec vous la suite de mes découvertes. Je souhaite qu'il vous apporte plein d'idées pour vos futurs projets, car c'est le but premier de ce livre : découvrir un monde de possibilités !

Enfin, j'aimerais remercier tous les gens qui se sont procuré le premier livre. Sans vous, cette suite n'aurait pas été possible. Cet engouement m'a fait chaud au cœur et m'a permis de comprendre que les nombreux mois de travail consacrés à sa réalisation n'ont pas été inutiles. Le faux-vitrail est désormais plus populaire que jamais !

Bonne lecture et que ce livre vous apporte des idées plein la tête !

*Julie Lafaille*

www.desideespleinlatete.com
julielafaille@desideespleinlatete.com


J'aimerais remercier ces personnes sans qui ce livre n'aurait pas vu le jour :

Bruno Bérubé
Élisabeth et Myriam Bérubé
Lucie Lapointe et Normand Lafaille
Antoine Broquet

# Introduction

Bienvenue dans le fabuleux monde du faux-vitrail !

Le faux-vitrail est indéniablement un monde en soi et les possibilités sont illimitées. Dans le premier ouvrage, vous avez appris à réaliser un faux-vitrail du début à la fin. Toutes les informations nécessaires ont été expliquées et plusieurs surfaces vous ont été proposées.

Dans ce deuxième tome, il ne sera plus question de parler de la base mais plutôt d'ajouter de nouvelles connaissances afin de vous donner un maximum de possibilités. Vous apprendrez donc à appliquer les couleurs de façon différente, à faire de nouvelles textures originales et à travailler avec des nouveaux produits fascinants, tout ça dans le but de toujours vous donner plein d'idées.

### Contenu du livre

Le premier chapitre est consacré à la présentation des produits, accessoires et surfaces qui sont utilisés principalement dans ce livre. Le deuxième regroupe des trucs et techniques mixtes que vous pourrez intégrer à tous vos projets. Le troisième chapitre est consacré à de nouvelles idées de textures sur des surfaces transparentes et opaques. Le quatrième chapitre, le plus volumineux, contient plus d'une vingtaine de projets et montre concrètement comment appliquer certaines techniques de ce livre en plus d'en contenir d'autres nouvelles. Suivent les chartes de couleurs en annexes et les patrons nécessaires à la réalisation des projets.

Je souhaite que ce livre vous accompagne tout au long de vos réalisations, qu'il vous inspire avec ses nombreuses illustrations et surtout qu'il mette du soleil dans votre vie !

Amusez-vous bien !

# Produits, accessoires et surfaces

Présentation des principaux produits, accessoires et surfaces utilisés dans ce livre.

# *Produits*

**Voici une brève description des principaux produits utilisés dans ce livre.**

### Peinture Vitrail

*(ou l'équivalent dans une autre marque)*
La gamme comprend plusieurs couleurs transparentes, opaques et métalliques. On peut les employer seules ou les combiner ensemble et créer des effets spéciaux incroyables. Avant de commencer à peindre, il est important de mélanger délicatement la peinture de chaque pot avec un bâtonnet afin d'obtenir une couleur uniforme. Peinture à base de solvant.

### Médium pailleté

Médium qui rend les couleurs brillantes. À base de solvant.

### Gel acrylique brillant et diverses pâtes à texturer

Le gel acrylique brillant (utilisé dans le tome 1) est de retour afin de créer de nouvelles textures. Ce gel, qui n'a plus besoin de présentation, est désormais accompagné de diverses pâtes à texturer à consistance épaisse et granuleuse. Reportez-vous au chapitre des textures pour en savoir plus à ce sujet. Nettoyage des instruments à l'eau.

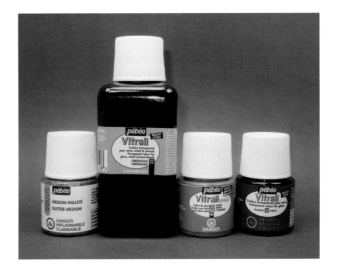

### Peinture aux effets fantaisistes (Prisme et Moon)

Ces deux gammes de peintures aux effets particuliers s'utilisent seules ou se combinent aux couleurs Vitrail, afin de créer des effets incroyables. Il est important de bien remuer chaque pot avec un bâtonnet avant l'utilisation. À base de solvant.

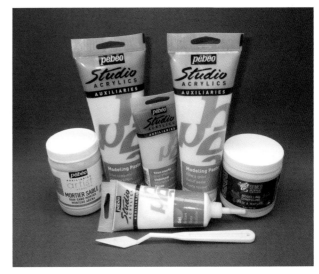

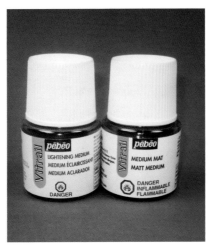

### Médium éclaircissant

Médium utilisé pour éclaircir les couleurs, vernir, faire des effets spéciaux et même créer des textures sur le verre. À base de solvant.

### Médium mat

Médium utilisé pour rendre les couleurs mates. Employé seul, il permet de créer un effet mat (blanchi) sur le verre.

### Traçage des contours

Le cerne relief et le plomb adhésif servent à tracer les contours d'un faux-vitrail. D'autres produits sont également suggérés à la section «Traçage des contours… de nouvelles idées ! ». Nettoyage à l'eau.

### Colle en aérosol non jaunissante

Sert à coller les images-acétates sur la surface. Il existe plusieurs marques sur le marché. De préférence, choisissez une colle qui ne jaunit pas avec le temps.

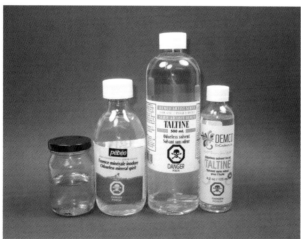

### Solvant ou essence minérale inodore

Indispensable pour nettoyer les pinceaux lorsque vous peignez avec les couleurs et médiums Vitrail ainsi qu'avec les couleurs Prisme et Moon.

### Résine époxy

*(ou l'équivalent dans une autre marque)*

La résine époxy est un vernis très épais et transparent qui, une fois appliquée, simule l'aspect d'une vitre. On retrouve plusieurs sortes de résine sur le marché, certaines étant plus liquides que d'autres dépendamment du résultat que l'on veut obtenir.

### Gel à masquer

*(ou l'équivalent dans une autre marque)*

Ce gel unique permet de masquer certaines parties d'un projet que l'on veut garder intactes. Peut être utilisé sur le verre, le miroir, la céramique ou sur une surface avec un fini semblable seulement. Nettoyage à l'eau.

# Accessoires

**La plupart des accessoires présentés dans le premier livre sont employés dans ce deuxième ouvrage (estampes variées, éponges, spatule, ciseaux, ruban adhésif, petits verres de plastique, lame, contenants divers, crayon, etc.). Il en existe également d'autres qui sont très utiles. Voici une brève description de certains accessoires utilisés dans ce volume (nouveaux et anciens):**

### Flacon applicateur avec pointe de métal (plume minerve)

Petite bouteille avec pointe de métal dans laquelle on verse la couleur choisie et qui permet de tracer des lignes ou des détails très fins.

### Pinceau-éponge

Sa texture en mousse sert à faire des effets de texture.

### Canules de rechange

Parfaites pour ceux qui n'aiment pas nettoyer la canule d'un cerne relief après l'avoir utilisée ou simplement pour remplacer une canule dont on a coupé l'extrémité.

### Pipettes

Les pipettes en plastique servent à distribuer la peinture sur la surface. Il s'agit de presser l'extrémité et de plonger la pipette dans la peinture pour y emmagasiner une bonne quantité de peinture. Vous pressez ensuite à nouveau sur l'extrémité pour faire sortir la peinture. Vous pouvez vous en servir pour remplir des sections de faux-vitrail lorsque celles-ci sont très grandes ou encore pour déposer des couleurs fantaisistes sur une surface quelconque. Comme ces produits nécessitent d'appliquer une bonne épaisseur pour obtenir un effet particulier, il peut être intéressant et plus rapide d'utiliser cet instrument au moment du remplissage. On peut récupérer une pipette en la nettoyant dans du solvant.

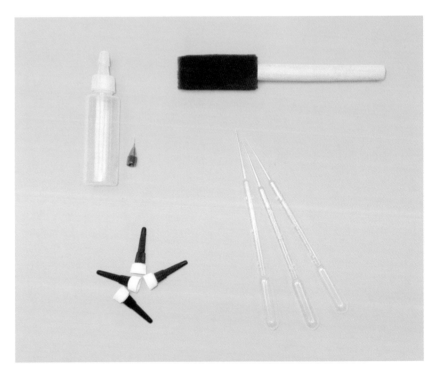

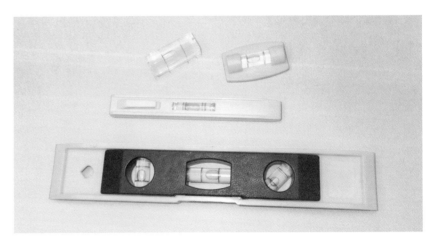

### Petits outils à niveler

Saviez-vous qu'il existe des outils à niveler de petit format? Ils sont parfaits pour ceux qui font du faux-vitrail, car ils sont beaucoup moins encombrants que les niveaux habituels.

### Pochoirs

Les pochoirs aux motifs variés sont très pratiques à utiliser pour toutes sortes de projets.

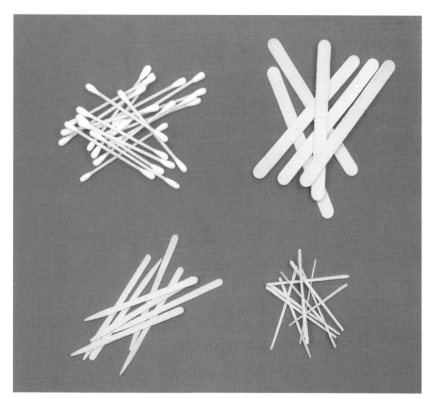

Dans le sens des aiguilles d'une montre en commençant à gauche : cotons-tiges, bâtonnets, cure-dents ordinaires, cure-dents style « club-sandwich ».

### Cotons-tiges

Les cotons-tiges sont fantastiques pour essuyer tout débordement de peinture ou pour laisser tomber des gouttes de couleurs les unes sur les autres. Procurez-vous ceux dont le coton est roulé très serré sur le bâton.

### Bâtonnets

Les bâtonnets de style « popsicle » sont utilisés pour remuer la peinture ainsi que les petits mélanges créés spécifiquement pour un projet en particulier.

### Cure-dents

Les cure-dents ordinaires et de style « club-sandwich » permettent de remplir les petites sections d'un projet. Évitez les cure-dents très pointus, car ils sont moins efficaces pour déposer la peinture.

### Aiguilles à tricoter

Elles servent à distribuer la peinture dans les sections.

### Papier graphité et stylet

Le papier graphité noir et le stylet servent à reproduire un dessin sur une surface opaque ou en trois dimensions. Le stylet sert également à faire des petits points décoratifs sur un projet.

### Pinceaux

Les pinceaux de base sont toujours les mêmes (poils naturels). Ils servent surtout à distribuer la peinture dans les sections. Bien entendu, tous les autres types de pinceaux peuvent servir à créer des effets particuliers.

# Surfaces

**Plusieurs surfaces peuvent être utilisées pour réaliser un faux-vitrail. Dans le premier livre, je vous en avais suggéré plusieurs : vitre, plexiglas, bloc de verre, miroir, céramique, acétate, métal, etc. En voici d'autres que vous pouvez utiliser pour peindre des projets.**

## Panneaux à couler

Les panneaux à couler (en plusieurs formats) servent à réaliser des projets artistiques de tous les styles. Le rebord du cadre empêche la peinture de couler sur les côtés, ce qui est très pratique quand le projet comprend beaucoup de peinture ou qu'il faut faire une finition avec de la résine de glaçage. Offerts en plusieurs formats.

## Cadres vitrés prêts à peindre

Les vitres encadrées prêtes à peindre sont toujours intéressantes à utiliser. On peut visser des crochets dans le cadre afin de le suspendre. C'est aussi pratique de pouvoir peindre le cadre de la couleur qui s'harmonise parfaitement avec notre décor. Offerts en plusieurs formats.

## Livres avec couverture rigide

On peut aussi faire un faux-vitrail sur une couverture de cartable ou de livre rigide, pourquoi pas ! Si la couverture est foncée, il faudra d'abord appliquer une couche de gesso sur la partie que vous voulez peindre (si vous utilisez des couleurs transparentes).

## Feuille d'acrylique semi-rigide (style mica)

Plus épais qu'une feuille d'acétate mais plus mince que le plexiglas, l'acrylique semi-rigide est parfait pour réaliser des projets de formes irrégulières. On peut y découper la forme de notre choix (ex. : papillon) pour la suspendre ensuite au gré de notre fantaisie. Surface transparente (retirez les papiers protecteurs avant de peindre).

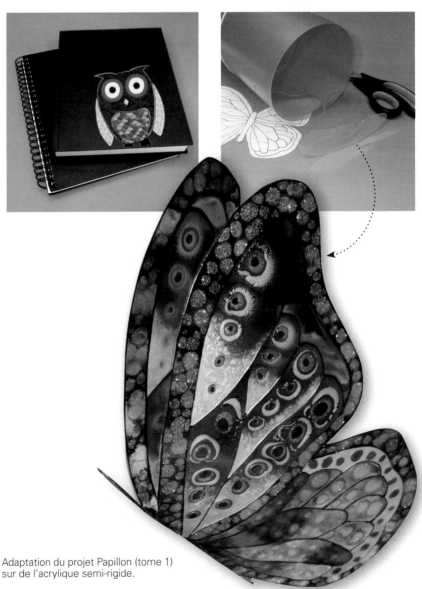

Adaptation du projet Papillon (tome 1) sur de l'acrylique semi-rigide.

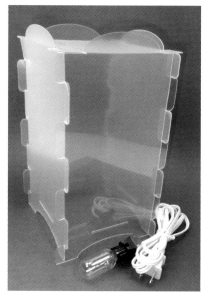
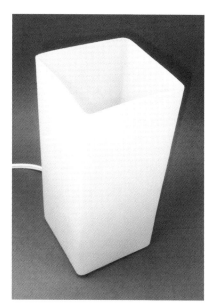

## Lampes diverses

On retrouve sur le marché plusieurs modèles de lampes (ex. : acrylique semi-rigide, verre transparent, verre « blanchi », etc.) parfaits pour faire du faux-vitrail. Personnalisez-les avec vos personnages préférés ou encore peignez-y un élément de votre décor.

## Bijoux prêts à peindre

Les bijoux prêts à peindre sont proposés en plusieurs marques et sous plusieurs formes (ronds, ovales, carrés, rectangulaires). Le pendentif est sans contredit le plus populaire de tous, mais d'autres bijoux sont aussi intéressants à utiliser : bagues, bracelets, boucles d'oreilles, etc.

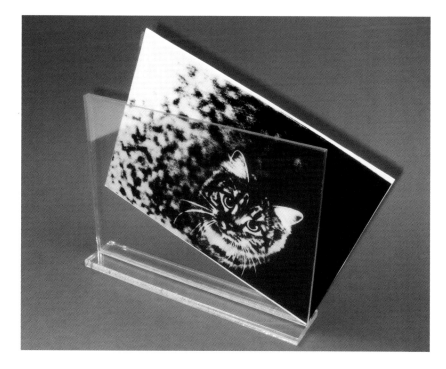

## Petit cadre double en plexiglas

Les petits cadres en plexiglas sont fantastiques pour peindre un faux-vitrail ou encore insérer une image-acétate entre les deux « vitres ».

# Surfaces (suite)

## Boîtes de carton et petites boîtes à bijoux

On trouve toutes sortes de boîtes dont le couvercle est plat. Peu dispendieuses, elles sont très pratiques pour faire de petits projets ou pour tester de nouveaux effets...

## Pièces de bois variées prêtes à peindre

Les pièces de bois comme les coffrets, boîtes à clés, sous-verres, etc., sont intéressantes pour peindre un projet. Visitez les boutiques d'artisanat de votre région qui en proposent de toutes les formes et de toutes les tailles !

## Toiles de bois

La surface rigide et opaque des toiles en bois est géniale pour peindre un faux-vitrail.

## Toiles d'artiste

La texture des toiles d'artiste donne des résultats étonnants. Ces toiles peuvent être cartonnées ou montées sur un cadre de bois plus ou moins épais.

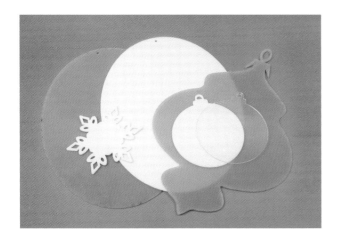

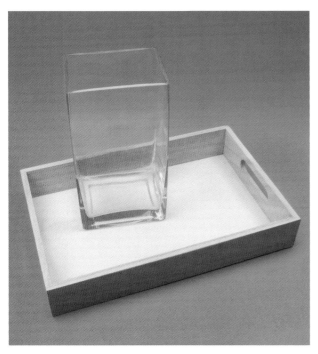

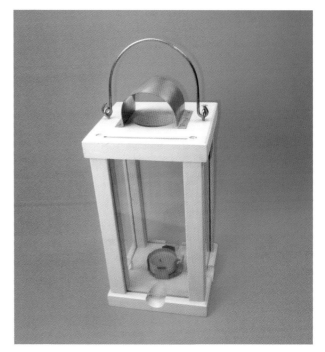

### Formes prédécoupées en acrylique (rigide)

Ces formes rigides sont géniales à utiliser car elles sont parfaitement découpées et prêtes à peindre. Plusieurs modèles disponibles. Surface transparente ou blanche au choix (enlevez la pellicule protectrice avant de peindre).

### Vases

Les vases qui ont les côtés plats se peignent aussi très bien... à condition de faire un côté à la fois !

### Cabarets

Les fonds de cabaret sont parfaits pour faire un projet de faux-vitrail car une fois le motif terminé et bien sec, on peut le couvrir de résine époxy et lui donner ainsi une finition vitrée magnifique.

### Pièces uniques

On trouve toutes sortes de pièces originales et uniques dans les brocantes (coffret à tisane, vieille lanterne, etc.). Pourquoi ne pas leur ajouter une touche de faux-vitrail et ainsi les transformer en magnifiques œuvres d'art ! Tout est possible avec un peu d'imagination !

### N'oubliez pas !

Tous les projets et idées d'effets et textures expliqués dans ce livre peuvent être réalisés sur la pièce de votre choix.

# Techniques mixtes de faux-vitrail

# Introduction aux techniques mixtes

Dans le premier livre, vous avez appris les étapes et les informations principales nécessaires à la réalisation d'un faux-vitrail. Vous savez maintenant comment préparer la pièce, positionner ou transférer le patron, tracer les lignes contours et faire de la texture. Vous avez également appris à utiliser les peintures Vitrail, à faire un remplissage de base correct et uniforme, à peindre sur la texture, à faire briller les couleurs, à les éclaircir, faire des dégradés et même à faire des effets spéciaux originaux.

Vous avez même appris à appliquer toutes ces techniques dans des projets concrets et à travailler sur plusieurs surfaces différentes. Que pouvez-vous donc apprendre de plus ? Plein de choses !

Saviez-vous qu'on peut tracer les lignes d'un faux-vitrail avec d'autres produits que le cerne et le ruban adhésif habituel ?

Saviez-vous qu'on peut étendre la peinture avec une spatule ou appliquer simplement les couleurs avec une éponge ? Le résultat est très joli et donne un fini complètement différent. Et pourquoi pas superposer ces couleurs ou encore réaliser un magnifique fini mat ! Ah et j'oubliais la populaire toile d'artiste, sur laquelle on peut créer des effets uniques à cause de sa texture particulière, sans oublier le plaisir d'intégrer à un projet les populaires peintures aux effets fantaisistes.

Voilà donc plusieurs idées que vous pourrez ajouter aux techniques de base habituelles car elles sont toutes expliquées dans ce chapitre. N'hésitez pas à les utiliser. Je vous invite même à tester les techniques proposées sur des surfaces différentes afin de choisir vos préférées.

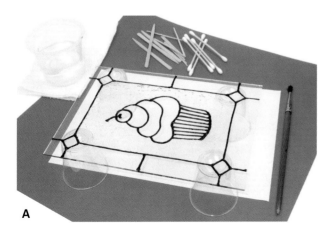

**A**

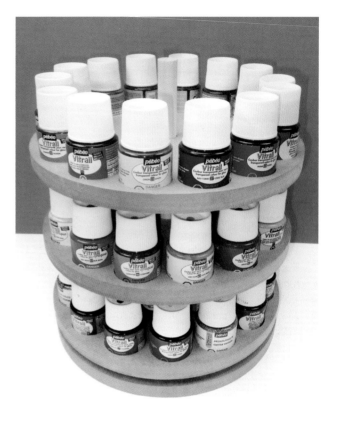

Peinture Vitrail (à base de solvant).

. . . . . . . . . . . . . . . . . . . . . . . . . . . . . . . . . . . . . . . .

## Rappel des informations de base

*(voir le premier livre pour en savoir plus sur les règles de base)*

- Travaillez toujours dans un endroit bien aéré.
- La surface doit être parfaitement à niveau.
- Mélangez chaque pot de peinture avec un bâtonnet avant de l'utiliser.
- Soulever votre projet (en le surélevant) permet de mieux voir si les couleurs sont bien appliquées (A).
- Nettoyez les pinceaux dans du solvant ou de l'essence minérale inodore (B).
- Nettoyez tout débordement AVANT que la peinture sèche.
- La peinture prend généralement 24h pour sécher à cœur.
- On peut remplir les sections avec l'un des outils suivants : pinceau, cure-dent, bâtonnet, pipette, aiguille à tricoter, etc. Tout dépend de l'effet recherché.
- Placer une feuille blanche sous le projet pendant le remplissage permet de mieux voir les couleurs.
- Placer un carton de couleur foncé sous le projet permet de mieux voir la texture.

B

## Résumé des étapes pour réaliser un faux-vitrail

1 – Préparer la surface (nettoyage avec alcool, gesso, vernis, etc.) (C).

2 – Positionner et transférer le patron sur la surface (D).

3 – Tracer les lignes contours du projet (cerne relief ou ruban de plomb adhésif ou autre).

4 – Créer les textures (facultatif).

5 – Appliquer les couleurs au gré de votre fantaisie.

6 – Laisser le projet sécher complètement (24h).

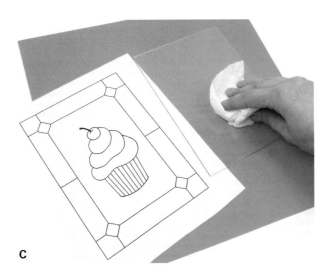

C

D

## Application de la peinture (base)

**Sections sans texture :** Remplir la section avec beaucoup de peinture, assez pour qu'elle s'égalise d'elle-même (pour obtenir une couleur unie) (E).

**Sections avec texture :** Étendre au pinceau la peinture sur la texture en couche mince le plus également possible (pour ne pas l'ensevelir). On peut également peindre au verso de la vitre si on veut que la couche de peinture soit plus épaisse ou tout simplement, on peut créer les textures au verso (F).

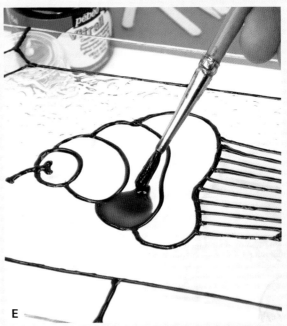

E

Application de la peinture (base) – sections sans texture.

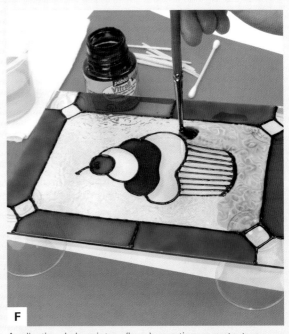

F

Application de la peinture (base) – sections avec texture.

### Truc de nettoyage

Pour ne pas « salir » trop vite le solvant, essuyez le pinceau sur un papier absorbant avant de le plonger dans le liquide. Il durera ainsi plus longtemps.

### Récupérer un vieux pot

Il arrive qu'en ouvrant un vieux pot de peinture, on constate que la peinture a trop épaissi et qu'il est impossible de la refluidifier. Ne jetez pas ce pot ! À moins que la peinture soit dure comme de la roche, vous pouvez tenter de l'étendre avec une spatule, de l'appliquer avec un pinceau rigide et même d'y faire des textures avec toutes sortes d'intruments. Même chose pour un médium éclaircissant qui aurait un peu trop jauni ! Utilisez-le simplement comme si c'était une nouvelle couleur dans la gamme ou incorporez-y une autre couleur afin de créer un mélange unique !

### Récupérer le solvant

On peut récupérer le solvant déjà utilisé. Laissez-le reposer une ou deux nuits ou plus dans le pot fermé hermétiquement. Graduellement, les particules de peinture tomberont dans le fond. Dès que toutes les particules sont tombées dans le fond (le solvant sera redevenu plus ou moins clair), transvidez simplement le solvant dans un autre contenant hermétique en prenant bien soin de laisser le dépôt au fond du pot. Vous pourrez ainsi l'utiliser pour de nouveaux projets.

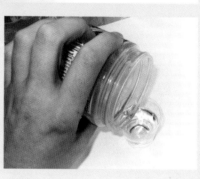

### Remplissage de sections

Il n'y a pas que les bâtonnets, pipettes, pinceaux et cure-dents qui peuvent servir d'outils de remplissage ; l'aiguille à tricoter est aussi un outil fantastique à utiliser !

### Comment faire un gris transparent

Une façon simple de faire un gris transparent consiste à ajouter du médium éclaircissant dans du noir. Plus vous ajoutez du médium, plus le gris sera pâle.

### Changer une couleur séchée dans une section

**Sur verre :** On peut enlever une couleur séchée avec une lame, mais ce n'est ni facile ni agréable. Il faut d'abord tailler le contour de la section puis tenter de décoller la peinture en insérant la lame sous la couche de peinture. Parfois, ça s'enlève facilement et parfois la peinture se casse en petits morceaux. Et plus la section contient des détails, plus c'est compliqué. Cette technique est donc un peu une solution de dernier recours. Il vaut mieux retirer la peinture pendant qu'elle est encore humide…

**Sur toile ou bois :** Il est impossible d'enlever une couleur séchée sur ce type de support. Si vous désirez tout de même le faire, la solution consiste à appliquer une couche de blanc opaque (Super blanc par exemple) sur cette couleur. Laissez sécher complètement puis vous pourrez ensuite appliquer une nouvelle couleur.

### Ajouter une touche de couleur

Il n'est pas obligatoire de remplir complètement une section. Parfois, un simple trait de peinture peut aussi être très joli et rehausser un projet sobre.

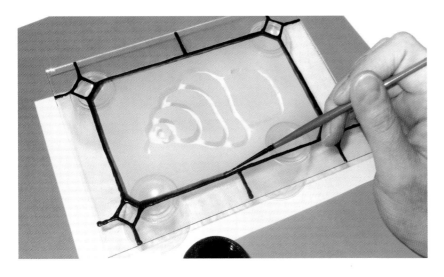

### Osez les effets spéciaux !

Il y a des tonnes de combinaisons de couleurs possibles avec les peintures à faux-vitrail. Chaque fois, les réactions sont différentes. C'est ce qui fait d'ailleurs que cet art est passionnant ! Faites vos propres découvertes en créant des combinaisons aussi originales que spectaculaires !

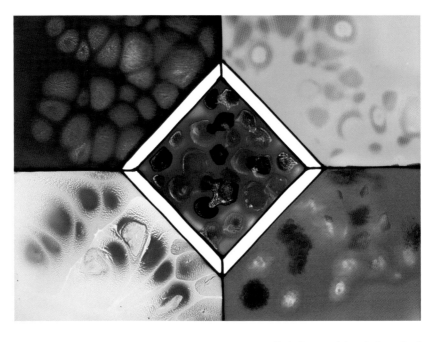

# Traçage des contours... de nouvelles idées !

Le traçage des contours d'un faux-vitrail se réalise habituellement avec le cerne relief ou avec le ruban de plomb adhésif. Ces deux techniques ont été expliquées en détail dans le tome 1.

D'autres produits permettent également de tracer des lignes et donnent un résultat semblable au cerne relief. En voici quelques-uns :

Cerne relief.

Ruban de plomb adhésif.

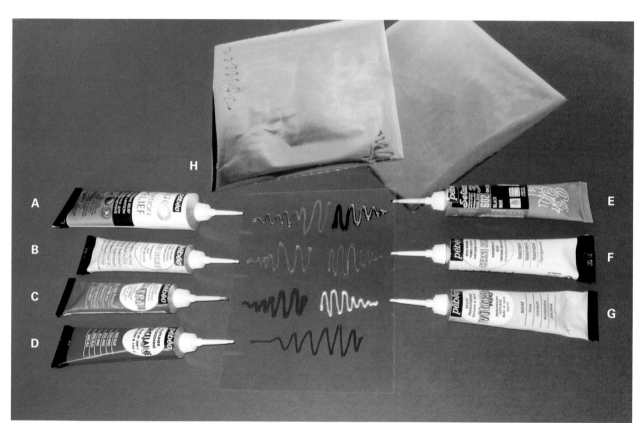

**A – Mixtion relief Gédéo :** Habituellement utilisé pour des techniques mixtes. Il est transparent et collant au toucher, une fois sec. On applique ensuite une feuille métallique (H) sur ce « collant » pour lui donner la couleur désirée.

**B – Cerne relief transparent pailleté (Vitrail) :** Pour faire des contours brillants.

**C – Relief transparent Vitrea 160 :** Habituellement utilisé pour décorer de la vaisselle en verre. Offert en plusieurs couleurs. Pour obtenir des contours aux belles couleurs vives transparentes.

**D – Cloisonnés Porcelaine 150 :** Habituellement utilisé pour décorer de la vaisselle blanche. Pour tracer des contours aux belles couleurs vives opaques.

**E – Setacolor 3D :** Habituellement utilisé pour décorer les tissus. Une fois séché, il restera collant si vous

ne le chauffez pas (pour le faire gonfler). On peut donc appliquer une feuille métallique (H) dessus et ainsi lui donner une finition métallique (comme le Mixtion relief).

**F – Cerne relief transparent (Vitrail) :** Pour faire des contours transparents.

**G – Relief transparent Vitrea 160 (nacré) :** Habituellement utilisé pour décorer de la vaisselle en verre. La couleur nacrée est pratique quand on désire des contours « blancs » autour des sections.

On trouve également sur le marché d'autres sortes de peintures dimensionnelles qui peuvent servir à tracer les contours d'un faux-vitrail (en bouteille, en tube). Visitez les boutiques d'art et d'artisanat pour choisir celle qui vous convient le mieux, car ce marché est en constante évolution.

## À propros du cerne relief transparent (F)

Bien que conçu pour tracer les contours d'un faux-vitrail, le cerne relief transparent est également intéressant à utiliser pour tracer des motifs ou pour ajouter des détails à un projet. Si on applique de la peinture par-dessus un motif tracé avec ce cerne, on peut obtenir de magnifiques résultats de transparence.

En voici deux exemples :

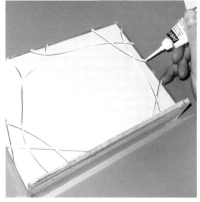

Ce cerne permet aux couleurs de se côtoyer « sans barrières foncées ».

### Exemple sur verre

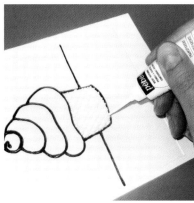

Traçage des détails avec le cerne.

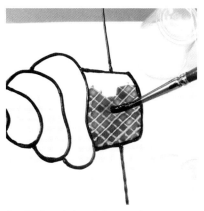

Application de la peinture sur le cerne.

Résultat une fois peint.

### Exemple sur toile

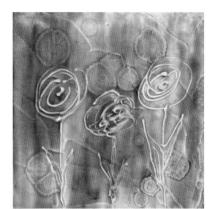

## Que de possibilités !

### Pour texturer

Le cerne relief transparent peut aussi créer des textures, car sa consistance ressemble à celle du gel acrylique brillant. Ne jetez donc pas vos vieux tubes presque vides… ça peut toujours servir !

### Pour sceller les jonctions des lignes tracées avec le plomb adhésif

Appliquez un peu de ce cerne dans les coins (superposés) et la peinture ne fuira plus dans les autres sections !

Tout ce qui précède s'applique aussi au **cerne relief transparent pailleté** pour qui veut ajouter une touche de brillance à la transparence !

### Comment faire une grosse ligne de cerne relief ?

C'est la pression que vous mettez sur le tube qui fait que la ligne est mince ou épaisse. Si vous désirez une ligne plus grosse encore, coupez simplement le bout de la canule avec des ciseaux. On peut aussi tracer une ligne moins bombée et plus large en aplatissant le bout de la canule avec une pince (pressez doucement). Évidemment, le bouchon sera plus difficile à remettre sur la canule...

## Technique de la plume minerve

### Flacon applicateur avec pointe fine

Si on trouve que le cerne relief fait des lignes trop grosses et qu'on désire des contours plus fins encore, il est possible d'utiliser la « plume minerve » à la place du cerne. Les lignes seront alors très fines et plus délicates. Pour fabriquer votre plume, vous avez besoin d'un flacon applicateur muni d'une pointe fine en métal. Ce qui est bien avec cet outil, c'est que vous pouvez choisir la couleur que vous mettez dans la bouteille. Les lignes contours peuvent donc être rouges, jaunes, bleues, vertes, noires, argent, or, etc. La plume minerve permet également de faire des détails de finition de tous genres.

Flacon applicateur avec pointe fine.

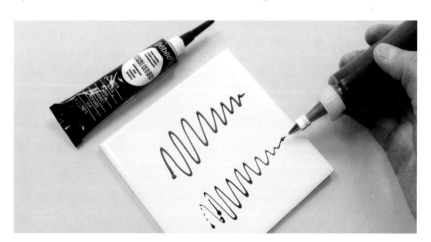

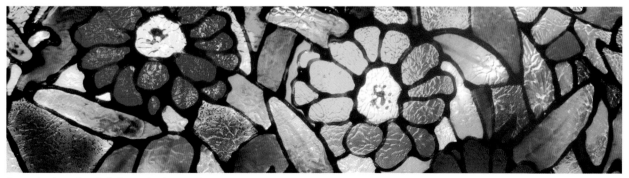

Exemple de projet réalisé avec la plume minerve.

### Préparation de la plume minerve

Versez de la peinture (couleur au choix) dans le flacon applicateur. On pourrait ici utiliser les couleurs Vitrail (à base de solvant), mais pour des raisons pratiques (nettoyage plus facile et séchage rapide), je préfère utiliser les couleurs Porcelaine 150 (à base d'eau). Pour que la plume fonctionne bien, remplissez le flacon au moins à moitié (A).

Vissez le haut du flacon et retirez le mini-bouchon. Vérifiez l'ouverture du bouchon et vissez la pointe de métal sur ce bout (B).

### Traçage des contours

Pour tracer les contours du dessin, il suffit de tenir la plume à la manière d'un crayon. Pressez doucement sur la bouteille. La peinture devrait sortir facilement et de façon constante. Si vous devez presser très fort sur la bouteille ou que la peinture ne sort tout simplement pas, c'est que la pointe de métal est bouchée ou que le trou de l'embout du bouchon n'est pas suffisamment gros. Il est conseillé d'ailleurs de tracer quelques traits sur une autre surface similaire pour ajuster la pression/débit afin de faire de belles lignes uniformes.

Le traçage des contours se fait comme avec le cerne relief : vous commencez par les éléments centraux et terminez par ceux de l'extérieur (C). De temps en temps, vérifiez que toutes les sections sont bien jointes (soulevez la vitre du patron) (D). Si vous tracez les lignes avec la peinture Porcelaine, les lignes sécheront en quelques minutes (avec Vitrail c'est beaucoup plus long) (E). Coupez ensuite les imperfections avec une lame s'il y a lieu (F).

**Important :** Aussitôt que vous avez terminé ou si vous voulez faire une pause, insérez le petit fil de métal (inclus avec le flacon) dans la pointe de métal pour éviter que la peinture sèche. La peinture se conserve bien dans la bouteille. Mais si vous pensez ne plus l'utiliser pendant plusieurs semaines, voire des mois, remettez le bouchon sur le flacon et nettoyez la pointe de métal.

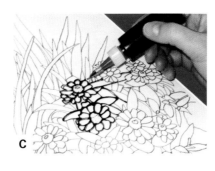

### Pourquoi utiliser la plume minerve

Utiliser la plume minerve reste un choix personnel. Ceux qui aiment le style délicat et peu soulevé des contours l'apprécieront. Par contre, si vous aimez faire des effets spéciaux avec beaucoup de peinture, optez plutôt pour le cerne relief... sinon vous aurez vite fait de déborder dans les autres sections ! La plume minerve est recommandée pour des projets qui ne nécessitent pas une peinture épaisse ou pour des projets (petits ou gros) qui contiennent plusieurs détails rapprochés. On peut évidemment l'utiliser conjointement avec les autres produits servant à tracer les contours (cerne, plomb adhésif) d'un faux-vitrail ou encore simplement pour ajouter des détails de finition à un projet.

# Application des couleurs

## Technique à la spatule

**La technique à la spatule permet de mêler les couleurs sans précision. Elle permet aussi de créer plusieurs nuances instantanément au rythme de sa fantaisie. Enfin, elle peut être réalisée avec le nombre de couleurs désirées. Plus il y en aura, plus il y aura de nuances. Mais attention de ne pas en abuser, car elles peuvent aussi donner un résultat brun pas très joli. Voici comment procéder.**

**1.** Commencez par étendre grossièrement une première couleur sur la section. Ne remplissez pas l'espace au complet. Laissez des endroits vides un peu partout. L'épaisseur de la couche de peinture à appliquer dépend de l'effet voulu, mais en règle générale, une couche moyenne convient très bien. Ne laissez pas sécher et passez tout de suite à la prochaine étape.

**2.** Appliquez ensuite une deuxième couleur (une troisième, une quatrième et ainsi de suite) dans les endroits laissés vides. Travaillez rapidement, car la peinture ne doit pas sécher avant que vous ayez terminé.

**3.** Une fois les couleurs appliquées, mêlez-les doucement avec une spatule afin de créer des nuances magnifiques. Il s'agit d'obtenir un résultat harmonieux satisfaisant. N'hésitez pas à ajouter de la peinture, à en enlever et en ajouter à nouveau, tant que tout est humide. Cependant, aussitôt que vous remarquez que la spatule colle et que la peinture commence à se figer, arrêtez.

**4.** Laissez sécher.

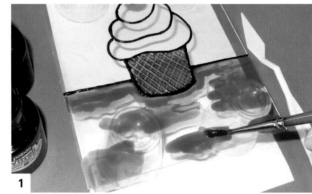

1

Ex. : Bleu cobalt.

2

Ex. : Bleu profond.

3

La spatule doit être parfaitement à plat pour obtenir un beau résultat.

### Truc

La technique à la spatule se réalise bien sur de grandes sections avec peu de détails.

On peut utiliser n'importe quelle spatule (en plastique ou en métal) dans la mesure où celle-ci est plus petite que la section à peindre.

4

Résultat.

Voici un autre exemple, cette fois avec une variante à la dernière étape :

1 – Application d'une première couleur (ex. : Citron).

2 – Application d'une deuxième couleur dans les endroits vides (ex. : Turquoise).

3 – Création des nuances avec la spatule.

### Truc

La spatule doit être bien à plat et ne doit pas courber vers le haut ou vers le bas. C'est la pression appliquée sur la spatule qui fait en sorte que ce soit plus clair ou plus sombre en certains endroits.

Vue à la lumière.

### Variante

4 - Aussitôt que les nuances sont créées, tapotez la surface avec la spatule pour créer un effet marbré très joli !

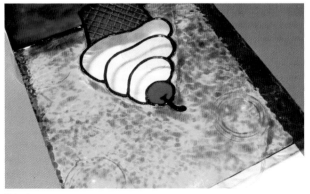

Résultat.

**Une autre façon de créer des mélanges de couleurs intéressants dans un faux-vitrail est d'utiliser des éponges. Voici comment procéder pour créer cet effet granuleux unique.**

Pour réaliser cette technique, vous avez besoin d'une éponge (ex. : à récurer, à maquillage, à vaisselle, avec des gros trous ou des petits trous). Puisque c'est la texture de l'éponge qui crée l'effet dans les couleurs, n'hésitez pas à tester plusieurs modèles pour voir lequel vous préférez.

**Technique de base**

**1.** Au pinceau, étendez grossièrement la peinture dans toute la section et passez à l'étape 2.

**2.** Tapotez rapidement la section avec l'éponge afin de créer une texture granuleuse et uniforme. Des petites bulles se formeront pendant le tapotage, mais si vous voyez qu'il se forme beaucoup de grosses bulles, c'est que l'éponge contient trop de peinture. Essuyez le surplus sur un papier absorbant et tapotez à nouveau. La section est terminée quand vous êtes satisfait du résultat ou que la peinture s'est trop figée.

**Attention,** n'ajoutez plus de peinture une fois que vous avez commencé à tapoter la surface. Puisque le cycle de séchage a commencé, toute addition supplémentaire de peinture fraîche peut produire des « trous » lorsque vous tapoterez à nouveau. Si cela vous arrive, ne désespérez pas ! Laissez sécher quelques minutes le temps que la peinture se fige. Déposez un peu de peinture directement sur l'éponge et tapotez la partie trouée délicatement pour tenter de

Couleur utilisée : Violet.

la camoufler. Si ça ne marche pas, laissez sécher complètement 24h et repassez l'éponge aux endroits problématiques.

**Dégradés et combinaison de couleurs**

On peut mélanger plusieurs couleurs dans une même section à condition de les ajouter dans la même période de temps.

Commencez alors par tapoter les parties claires en premier, la jonction des couleurs par la suite et terminez par les parties foncées.

Ex. : Couleurs : Jaune et Pourpre.

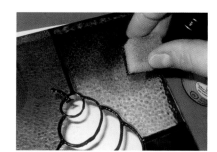

Ex. : Couleurs : Vert pomme et Bleu profond.

## Voici une autre façon de faire un beau dégradé :

**1.** Appliquez d'abord la couleur la plus claire au centre du sujet (ex. : Jaune) à l'aide d'un coton-tige propre. Le coton-tige est ici employé pour ne pas mettre trop épais de peinture, car il n'y a pas de cloison à la fleur (A).

**2.** Appliquez la deuxième couleur plus foncée autour de la première (ex. : Pourpre). Attention de ne pas dépasser. Si c'est le cas, essuyez les débordements aussitôt (B).

**3.** Ajoutez quelques gouttes (2-3) de médium éclaircissant dans le centre (là où se trouve la couleur claire) (C).

**4.** Avec un pinceau propre et sec, tapotez doucement la jonction des couleurs pour créer un début de dégradé (D). Essuyez le pinceau sur un papier absorbant aussitôt qu'il devient saturé, car il faut garder le centre le plus clair possible (E). Le but ici est d'atténuer la jonction le plus possible (F).

**5.** Tapotez délicatement la surface avec une petite éponge afin d'obtenir une belle finition. Laissez sécher (G).

**6.** Faites toutes les fleurs de cette façon, une par une (H).

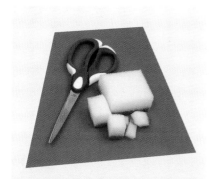

**Truc :** L'éponge est souvent trop grosse pour l'utiliser telle quelle. Taillez des carrés plus petits que la section à peindre.

**L'effet éponge est très joli sur une image-acétate puisque la couche de peinture est très mince. Le cerne n'est alors pas obligatoire, car la peinture ne fuit pas.**

# Superposition de couleurs

**Il est possible de superposer une couleur (transparente) par-dessus une autre déjà sèche afin de créer un nouveau ton. Voici comment réaliser cet effet particulier.**

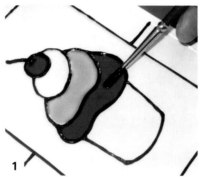

1

Exemple d'application au pinceau de la couche de fond. Étendre simplement la peinture le plus également possible.

2

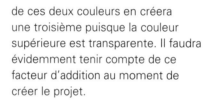

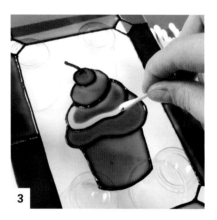

3

**1.** Commencez par remplir la section avec la couleur transparente choisie. Vous pouvez étendre la peinture avec un pinceau le plus également possible ou encore remplir la section avec un bâtonnet ou un cure-dent. Tout dépend du ton que vous voulez obtenir. N'oubliez pas que plus la couche de peinture est épaisse, plus ce sera foncé. Lorsque la couleur de fond est appliquée, laissez-la sécher complètement 24h.

**2.** Une fois que la couleur de fond est bien sèche, appliquez une deuxième couleur (transparente) par-dessus. C'est important ici d'étendre cette couche de peinture avec un pinceau pour ne pas en mettre trop épais. La superposition de ces deux couleurs en créera une troisième puisque la couleur supérieure est transparente. Il faudra évidemment tenir compte de ce facteur d'addition au moment de créer le projet.

**3.** Aussitôt que la deuxième couche est appliquée, essuyez le contour de la section (ou une partie seulement) avec un coton-tige propre. La couche de fond apparaîtra et créera ainsi un effet particulier : deux couleurs définies qui se touchent sans qu'une cloison les sépare ! Génial ! Vous pouvez utiliser plusieurs couleurs différentes, l'important reste de les tester afin de savoir si le résultat est joli et harmonieux. Laissez ensuite sécher le tout complètement.

**Note :** Des petites craquelures peuvent apparaître pendant le séchage. Parfois ce phéno-mène arrive mais n'est pas systématique. Si cela se produit, on ne peut rien y faire, sauf accepter le résultat.

**Autres exemples de couleurs**

Dans cet exemple, la couleur Jaune est appliquée comme fond et comme couche supérieure. Cela donne un magnifique ton sur ton !

Une autre idée ! Si on attend que la peinture se fige un peu (2-3 minutes), il est possible d'y graver des motifs avec un stylet !

Résultat.

## Légende des couleurs :

| Fond | 2e couleur |
|------|------------|
| **A** = Bleu cobalt | Bleu profond |
| **B** = Citron | Bleu cobalt |
| **C** = Cramoisi | Bleu profond |
| **D** = Jaune | Jaune |
| **E** = Turquoise | Chartreuse |
| **F** = Vieux rose | Jaune |
| **G** = Jaune | Rose |
| **H** = Turquoise | Citron |
| **I** = Vieux rose | Rose |
| **J** = Jaune | Orange |

### Couleurs opaques

Cette technique peut être aussi réalisée avec des couleurs opaques. Comme la couleur supérieure cache complètement la couche inférieure, il n'y aura pas de mélange de teinte dû à la superposition. Par contre, le résultat peut devenir rapidement trop foncé à la lumière. Testez la combinaison choisie avant de le faire sur un vrai projet.

Couches de fond seulement.

# Technique de la résine époxy

**Les résines époxy s'intègrent bien dans un faux-vitrail, car on peut les utiliser de multiples façons : en vernis, en remplissage, pour dessiner des détails, en techniques mixtes, etc. On les trouve sous plusieurs marques et dans divers formats. Le principe est simple : il suffit de mélanger les deux produits (durcisseur et résine) et de verser le mélange sur la surface à couvrir. En séchant, la résine transparente devient très dure et donne un fini lustré très joli.**

### À propos des produits

La **Résine Cristal** *Gédéo* (A) a la consistance d'un sirop un peu plus liquide que la Résine de glaçage. On peut l'employer partout pour couvrir une pièce, remplir un fond de cabaret, remplir une section de faux-vitrail, vernir un faux-vitrail ou encore créer des effets en techniques mixtes. Elle est suffisamment liquide pour couler facilement sur les rebords d'une pièce, ce qui en fait un bon choix lorsqu'on veut couvrir entièrement

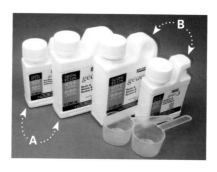

une toile ou un panneau de coulage comme dans l'exemple présenté plus loin.

La **Résine de glaçage** *Gédéo* (B), elle, a la consistance d'un « sirop épais » et convient particulièrement bien sur des bijoux, car elle garde une forme arrondie sur les rebords. On peut aussi faire des petits points bombés dans un projet de faux-vitrail ou encore accentuer certains éléments d'un projet. On peut évidemment l'employer dans d'autres projets de techniques mixtes comme ceux énumérés à la section de la résine Cristal.

Enfin, comme ces deux produits sont très clairs, on peut s'en servir aussi pour remplir les sections d'un faux-vitrail au lieu d'utiliser le médium éclaircissant (qui est plus jaune). On peut mélanger également ces deux produits avec les peintures à faux-vitrail (Vitrail, Moon, Prisme) pour inventer des effets complètement hallucinants (voir section des projets).

**4.** Pour faire un beau pli uniforme et obtenir une dimension 3D, placez une règle à l'endroit approprié (verso) et tracez un trait avec un stylet (exercez suffisamment de pression pour marquer la surface).

**5.** Pliez ensuite ces parties avec les doigts. Ne pas manipuler excessivement les plis sinon ils risquent de casser. Suspendre le projet à l'endroit choisi (percez un trou avec une aiguille et insérez un fil transparent).

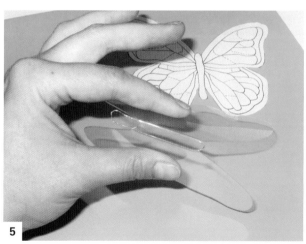

### Idée !

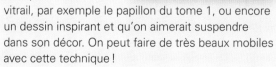

On peut utiliser certains éléments d'un patron de faux-vitrail, par exemple le papillon du tome 1, ou encore un dessin inspirant et qu'on aimerait suspendre dans son décor. On peut faire de très beaux mobiles avec cette technique !

### À propos de ce papillon

La taille du papillon présenté dans ces pages est de 24 po (61 cm) à plat. C'est une adaptation d'un projet proposé dans le tome 1.

## Technique de la résine époxy

**Les résines époxy s'intègrent bien dans un faux-vitrail, car on peut les utiliser de multiples façons : en vernis, en remplissage, pour dessiner des détails, en techniques mixtes, etc. On les trouve sous plusieurs marques et dans divers formats.**

**Le principe est simple : il suffit de mélanger les deux produits (durcisseur et résine) et de verser le mélange sur la surface à couvrir. En séchant, la résine transparente devient très dure et donne un fini lustré très joli.**

### À propos des produits

La **Résine Cristal *Gédéo*** (A) a la consistance d'un sirop un peu plus liquide que la Résine de glaçage. On peut l'employer partout pour couvrir une pièce, remplir un fond de cabaret, remplir une section de faux-vitrail, vernir un faux-vitrail ou encore créer des effets en techniques mixtes. Elle est suffisamment liquide pour couler facilement sur les rebords d'une pièce, ce qui en fait un bon choix lorsqu'on veut couvrir entièrement

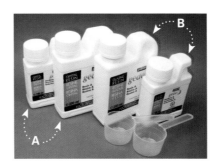

une toile ou un panneau de coulage comme dans l'exemple présenté plus loin.

La **Résine de glaçage *Gédéo*** (B), elle, a la consistance d'un « sirop épais » et convient particulièrement bien sur des bijoux, car elle garde une forme arrondie sur les rebords. On peut aussi faire des petits points bombés dans un projet de faux-vitrail ou encore accentuer certains éléments d'un projet. On peut évidemment l'employer dans d'autres projets de techniques mixtes comme ceux énumérés à la section de la résine Cristal.

Enfin, comme ces deux produits sont très clairs, on peut s'en servir aussi pour remplir les sections d'un faux-vitrail au lieu d'utiliser le médium éclaircissant (qui est plus jaune). On peut mélanger également ces deux produits avec les peintures à faux-vitrail (Vitrail, Moon, Prisme) pour inventer des effets complètement hallucinants (voir section des projets).

## Informations générales

– Protégez la table de travail avec un carton, plastique, papier journal, etc.

– Maintenez la surface de niveau. Tout angle aussi minime soit-il fera basculer la résine d'un côté et créera un débordement (A).

– Vous pouvez faire le mélange de résine dans n'importe quel contenant propre, comme un verre en plastique flexible par exemple (découpez le verre à la bonne hauteur si nécessaire) (B).

– Préparez uniquement la quantité de résine nécessaire, car on ne peut pas récupérer les restes de résine déjà mélangée. Il est préférable d'avoir trop de mélange plutôt que d'en manquer. Vous avez tout de même la possibilité d'en fabriquer une deuxième quantité si jamais vous constatez que vous en manquez une fois que vous l'avez appliqué car le temps de durcissement n'est pas instantané pour ces deux produits. Mais vous devrez le faire très rapidement.

**A**

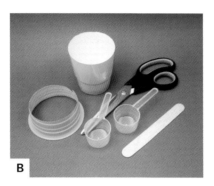

**B**

– Si vous voulez couvrir entièrement la pièce jusque sur les côtés (ex. : toile), soulevez-la à l'aide de gobelets, afin que la résine puisse s'égoutter. Vous devrez essuyer les gouttes jusqu'à ce que la résine se fige suffisamment pour ne plus dégoutter.

– Une fois que la résine commence à durcir, il est impossible de retirer

un poil ou un cheveu tombé accidentellement dans le vernis sans laisser une marque. Vous n'avez que quelques minutes (5-10 environ) pour retirer tout corps étranger.

– Travaillez dans une pièce aérée et sans poussière. La résine reste collante pendant plusieurs heures et toute poussière peut s'y coller.

– On peut appliquer une seconde couche de résine lorsque la première est complètement sèche. Cette information peut être utile à savoir si on a eu un problème de durcissement ou des imperfections à cacher par exemple.

– Le temps de séchage de la résine varie selon l'épaisseur de la couche, soit 24h, 48h et même plus longtemps encore.

– Attendez une semaine ou deux avant de couvrir de résine un projet. La peinture doit être complètement sèche « à cœur », sinon il se peut que la résine ne durcisse pas. Le temps de séchage du projet varie selon l'épaisseur de la couche de peinture appliquée.

### Important

Cette technique ne convient pas à toutes les marques de résine époxy. Chacune a sa propre recette. Il est donc important de **toujours** suivre les instructions incluses avec le produit, même si vous connaissez déjà le produit (les entreprises peuvent changer le contenu ou la façon de procéder sans avertissement). De plus, certaines résines donnent un résultat qui jaunit plus que d'autres à la longue. Choisissez un produit qui reste clair comme ceux employés dans ce livre, si cela vous importe.

## Exemples de projets utilisant la résine époxy

Ex. : projet des Tulipes – tome 1.

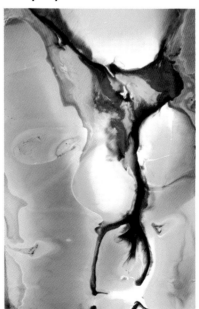

Ex. : projet Œuvre d'art sur verre.

## Comment préparer le mélange

**1.** Versez la quantité de résine et de durcisseur souhaitée dans un contenant en tenant compte des proportions indiquées sur l'emballage. Respectez le dosage inscrit sur la bouteille. Assurez-vous de racler le fond du pot à mesurer chaque fois que vous versez le produit dans le contenant pour obtenir toute la quantité nécessaire. Un mauvais dosage peut faire que la résine ne durcisse pas ou reste collante (A).

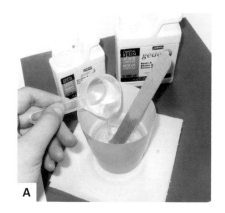

**2.** Avec un bâton, mélangez délicatement les deux produits pendant 2 à 3 minutes. **Ne fouettez pas le mélange.** Il faut le remuer délicatement afin d'éviter de faire des bulles dans le produit. Raclez bien les bords du verre pendant le brassage. Cette étape est aussi primordiale que celle de la mesure et un mélange insuffisant peut faire que la résine ne durcisse pas. Évidemment, si vous faites un petit mélange, 1 minute suffit, mais généralement, quand le mélange est très clair, il est prêt (B).

**3.** Versez doucement le mélange sur la surface en commençant par le centre (C). **Attention :** ne le versez pas d'un coup mais graduellement, afin que la couche soit égale et uniforme (D). Distribuez la résine jusque sur les bords avec un bâtonnet ou un cure-dent au besoin (E). Une bonne façon de savoir si la couche de vernis est parfaite consiste à regarder son reflet à la lumière (F). Si des bulles se sont formées, crevez-les rapidement avec une aiguille.

**4.** Laissez sécher au moins 48h ou jusqu'à ce que la résine devienne dure et sèche à cœur (quelques jours). Pour empêcher la poussière de tomber sur la ou les pièces, placez un carton rigide au-dessus.

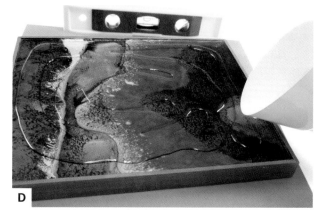

Produit utilisé : Résine cristal.

## À propos des bijoux

Si vous désirez obtenir un aspect de « vitre bombée » sur les bijoux peints, utilisez la Résine de glaçage, car elle conserve une forme bombée et ne coule pas sur les rebords. Le résultat est tout simplement magnifique !

**Produit utilisé :** Résine de glaçage.

## À propos des projets abstraits...

Cette toile abstraite N° 1 (8 x 10 po) (20,3 x 25,4 cm) est recouverte de 30 ml de durcisseur B et de 60 ml de résine A (Résine cristal).

Cette toile abstraite N° 2 (11 x 14 po) (28 x 35,5 cm) est recouverte de 45 ml de durcisseur B et de 90 ml de résine A (Résine cristal).

# Introduction aux couleurs fantaisistes

**Les peintures Prisme et Moon aux effets fantaisistes sont très intéressantes à utiliser dans un faux-vitrail. Ces deux gammes de peintures aux effets particuliers apportent de nouvelles possibilités côté créatif puisqu'elles ne réagissent pas de la même façon. On peut les employer seules ou les combiner à la peinture Vitrail pour obtenir des résultats complètement différents. Bien sûr, l'utilisation de tels produits demande un certain lâcher-prise, mais avouons tout de même que c'est agréable de ne pas tout contrôler ! Voici quelques informations utiles sur ces populaires produits.**

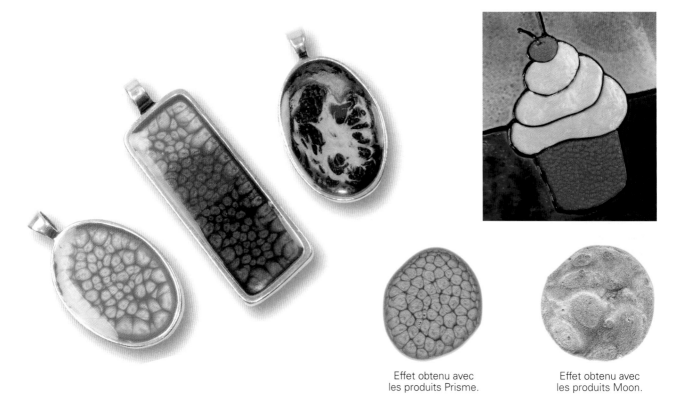

Effet obtenu avec
les produits Prisme.

Effet obtenu avec
les produits Moon.

## Conseils généraux concernant les deux produits

– Tout comme les produits Vitrail, les produits Moon et Prisme sont à base de solvant. On nettoie les outils ou pinceaux avec du solvant.

– Avant de commencer, mélangez bien le contenu de chaque pot avec un bâton afin d'obtenir une couleur uniforme (A).

– Comme la peinture est très liquide et prend plusieurs heures à sécher, travaillez sur une surface de niveau. Selon l'épaisseur de la couche appliquée, on peut compter au moins 24h pour un séchage en surface et quelques jours en profondeur.

– C'est l'épaisseur de peinture appliquée qui fait qu'on voit ou non le motif dans la peinture. Plus la couche sera épaisse, plus le motif sera apparent.

– Le bâtonnet, le cure-dent et la pipette sont les meilleurs outils à utiliser pour remplir une section. Le pinceau, lui, est beaucoup moins recommandé car il a tendance à étendre la peinture au lieu de « remplir » la section. Il n'est donc pas recommandé. Évidemment tout dépend de l'effet recherché. Ce conseil est bon uniquement si l'on veut voir très bien les motifs dans la peinture (B).

– Tout comme avec la peinture Vitrail, il faut travailler dans un endroit bien aéré.

– Il faut attendre plusieurs minutes, voire une heure avant de pouvoir admirer les effets particuliers de ces produits. Les alvéoles, les dégradés ou l'effet inégal apparaîtront pendant le séchage. Si vous n'aimez pas le résultat, vous pouvez retirer la peinture fraîche, nettoyer et recommencer. Par contre, une fois que la peinture est complètement sèche, on ne peut plus l'enlever.

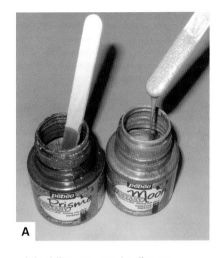

**A**

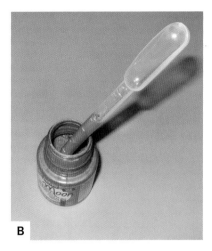

**B**

– N'oubliez pas que les lignes-contours doivent être suffisamment grosses pour contenir une couche épaisse de peinture. Si les contours sont trop fins (cerne relief), la peinture débordera assurément.

– Les produits Moon et Prisme peuvent être combinés aux couleurs Vitrail pour créer de superbes effets originaux. Par contre, comme la lumière ne passe pas tellement au travers de ces produits, ils sont plus intéressants à utiliser sur des surfaces opaques (toile, bois, bijou, miroir, etc.) ainsi que pour des projets qui ne requièrent pas nécessairement la lumière (ex. : porte d'armoire) (C).

– On ne peut énumérer toutes les possibilités de combinaison qu'on peut faire avec ces produits. C'est un monde en soi ! N'hésitez pas à changer les couleurs proposées dans ce chapitre et faites vos propres expériences. Vous inventerez des nouveaux effets… c'est garanti ! (D)

**Il est possible que vos résultats diffèrent des miens, même si vous avez suivi la « recette ». Gardez à l'esprit que ce sont les produits qui réagissent ensemble au gré de leur fantaisie. Très souvent, une goutte de plus et le résultat change complètement. Et on n'a aucun contrôle là-dessus !**

**C**

Vue à la lumière.

Combinaison de Vitrail et Prisme appliqués côte à côte.

**D**

## Application des produits

La meilleure technique pour obtenir les effets particuliers est d'appliquer la peinture avec un bâtonnet ou une pipette. La couche de peinture doit être très épaisse pour que les réactions se produisent. Si vous appliquez la peinture en couche mince, vous aurez un effet uni presque sans motif.

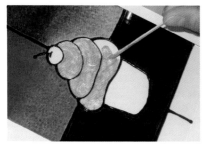

Ex. : couleur utilisée : Sable (Moon).

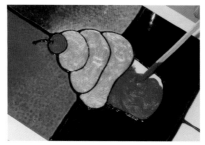

Ex. : couleur utilisée : Rouge anglais (Prisme).

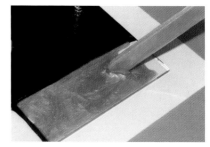

Ex. : couleur utilisée : Bouton d'or (Prisme).

**Les planches-tests suivantes montrent trois épaisseurs différentes de peinture. On peut ainsi observer que la couche mince ne donne pas le même résultat que la couche épaisse.**

### Moon (Couleur utilisée : Émeraude)

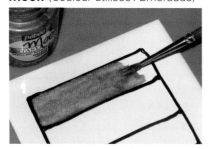

1 – couche mince (pinceau).

2 – couche moyenne (cure-dent).

3 – couche épaisse (pipette).

### Prisme (Couleur utilisée : Marina)

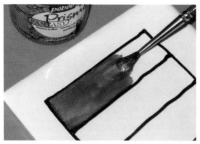

1 – couche mince (pinceau).

2 – couche moyenne (cure-dent).

3 – couche épaisse (pipette).

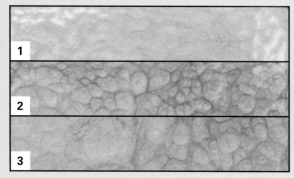

**Moon résultat**

1

2

3

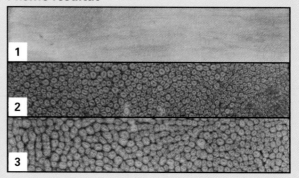

**Prisme résultat**

1

2

3

## En combinaison avec Vitrail

Les produits Moon et Prisme peuvent être combinés avec les produits Vitrail pour créer toutes sortes d'effets originaux. Comme ils ne réagissent pas de la même façon, les possibilités sont illimitées. Voici un exemple de ce que donne une goutte de ces deux produits si vous la laissez tomber dans un fond rempli de peinture Vitrail. Vous verrez que le résultat est complètement différent pour chacun d'eux.

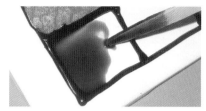

Le remplissage des fonds a été fait avec un cure-dent au préalable.

## Moon

Fond : Vert pomme.

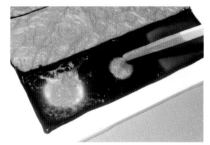

Fond : Pourpre.

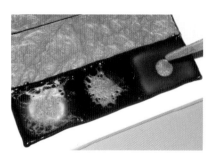

Fond : Bleu cobalt.

## Prisme

Fond : Vert pomme.

Fond : Pourpre.

Fond : Bleu cobalt.

## Moon résultat

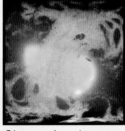

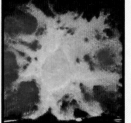

**Observation :** La goutte semble envahir rapidement et dans tous les sens la couleur Vitrail.

## Prisme résultat

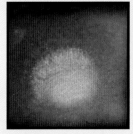
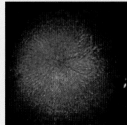
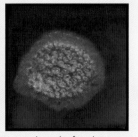

**Observation :** La goutte semble se diffuser légèrement dans le fond, tout en gardant sa forme.

Fascinant n'est-ce pas ? On peut donc s'amuser à créer toutes sortes d'effets en combinant les trois produits dans un même projet. Les possibilités sont illimitées !

Voici quelques combinaisons que j'ai réalisées en utilisant certaines couleurs de Vitrail, Prisme et Moon. Partez de ces données pour en inventer de nouvelles ou juste en changer les couleurs, c'est tellement plaisant et facile à faire ! Appliquez les techniques dans vos projets et laissez-vous aller !

Ah oui ! j'oubliais ! Les résultats obtenus pourraient aussi très bien faire de beaux bijoux, un dessus de coffret magnifique, un superbe motif dans un miroir, etc.

**Légende**
1 = Remplir le fond (F) en premier avec la couleur indiquée.
2 = Laisser tomber une goutte (G) sur ce fond (couleurs indiquées)
F = Fond     G = Goutte
V = Vitrail     M = Moon     P = Prisme

1- F = 36 (M)
2- G = Méd. éclaircissant (V)

11 (M)

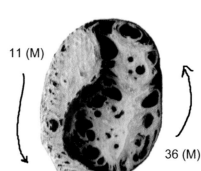

36 (M)

1- F = Brun (V)
2- G = 2 couleurs

13 (V)

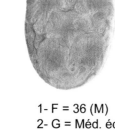

18 (M)

Les 2 couleurs doivent simplement se toucher

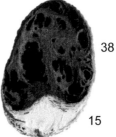

38

15

1- F = Cramoisi (V)
2- G = 2 couleurs

1- F = Citron(V)
2- G = 20 (M)

1- F = Saumon (V)
2- G = 35 (P)

17

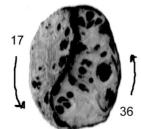

36

1- F = Brun (V)
2- G = 2 couleurs

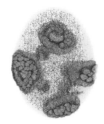

1- F = Méd. pailleté (V)
2- G = 25 (P)

19 (M)

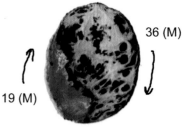

36 (M)

1- F = Brun (V)
2- G = 2 couleurs

**Reportez-vous aux chartes des couleurs (annexe) pour voir la correspondance des chiffres/couleurs.**

**Légende**
1 = Remplir le fond (F) en premier avec la couleur indiquée.
2 = Laisser tomber une goutte (G) sur ce fond (couleurs indiquées)
F = Fond      G = Goutte
V = Vitrail      M = Moon      P = Prisme

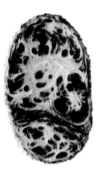

1- F = Brun (V)
2- G = 32 (M)

1- F = Brun (V)
2- G = 34 (M)

1- F = Brun (V)
2- G = 26 (M)

1- F = Brun (V)
2- G = 35 (M)

G = 35 (M)
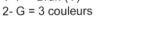
G = 34 (M)

G = 32 (M)

1- F = Brun (V)
2- G = 3 couleurs

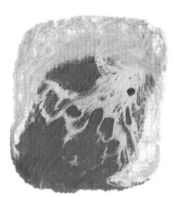

36 (haut)

18 (côté droit)

16 (bas à gauche)

1- F = Médium éclaicissant (V)
2- G = 3 couleurs

G = 12 (M)
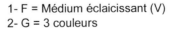
G = 33 (M)

1- F = Brun (V)
2- G = 2 couleurs

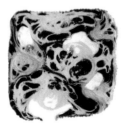

1- F = Vert pomme (V)
2- G = 36 - 18 - 20 (M)
(gouttes un peu partout)

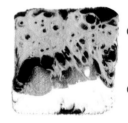

G = 18 (M)

G = 20 (M)

1- F = Vert pomme (V)
2- G = 2 couleurs

## Faire un dégradé de base avec les couleurs Prisme

Pour réaliser un dégradé uniforme (sans coupures nettes entre les couleurs), il faut appliquer une couche très épaisse de peinture dans la section. De plus, ces couleurs, appliquées côte à côte, doivent être extrêmement fraîches. Dans cet exemple, je n'ai mélangé aucune jonction. J'ai simplement appliqué les couleurs avec un bâtonnet les unes à côté des autres. C'est pendant le séchage qu'elles se sont intégrées les unes dans les autres.

On pourrait également mélanger la jonction des couleurs avec un cure-dent (comme pour les dégradés avec Vitrail), si l'on souhaite obtenir un dégradé avec encore plus de tons.

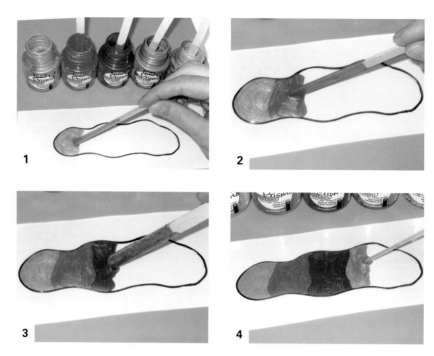

Appliquez simplement les couleurs les unes à côté des autres le plus rapidement possible. Plus la peinture est fraîche, plus les couleurs agissent entre elles. Laissez ensuite sécher plusieurs heures.

Couleurs utilisées dans l'ordre : Bouton d'or, Vermillon, Fleur de Cerisier, Bleu caraïbe, Émeraude.

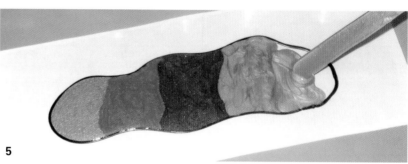

**Pendant le séchage, vous verrez les alvéoles apparaître dans la peinture et le dégradé se formera.**

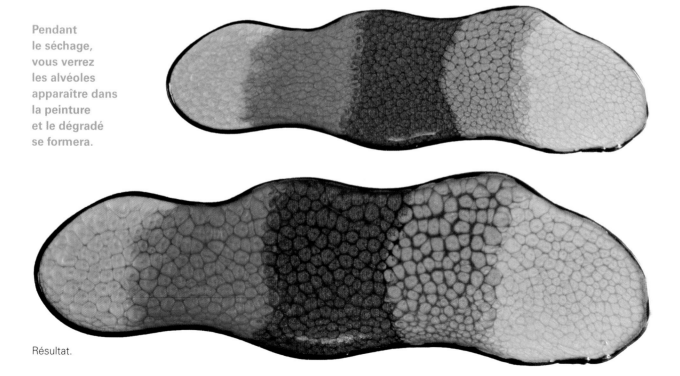

Résultat.

### Dégradé intérieur (Prisme)

Une autre façon de créer un dégradé est de laisser tomber des gouttes d'une ou de plusieurs couleurs sur un fond rempli de peinture. On peut obtenir ainsi de très beaux résultats en les superposant les unes aux autres et en les laissant réagir ensemble.

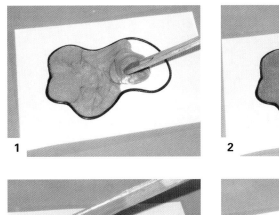

**1**

**2**

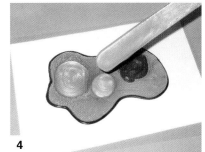

**3**

**4**

**Voici trois photos qui montrent la transformation des couleurs pendant le séchage :**

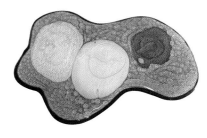

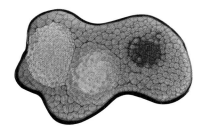

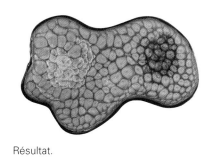

Résultat.

**Voici un autre exemple de transformation des couleurs avec les techniques de dégradé :**

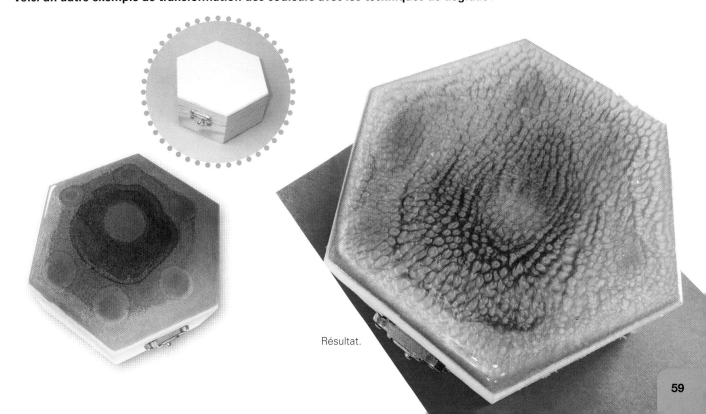

Résultat.

## Exemples de mélanges

Voici quelques idées de mélanges que vous pouvez faire avec les produits Prismes. Pour les réaliser, il suffit de remplir le **fond (F)** en premier avec la couleur proposée. Ensuite laissez tomber une **grosse goutte (G)** d'une autre couleur sur ce fond (bâtonnet ou coton-tige). Pour les exemples qui contiennent des petites lignes pointillées, il faut simplement que les couleurs se touchent (voir dégradé). Le résultat final peut varier évidemment à cause de la quantité de peinture appliquée, mais cela donne tout de même une bonne idée de combinaisons possibles.

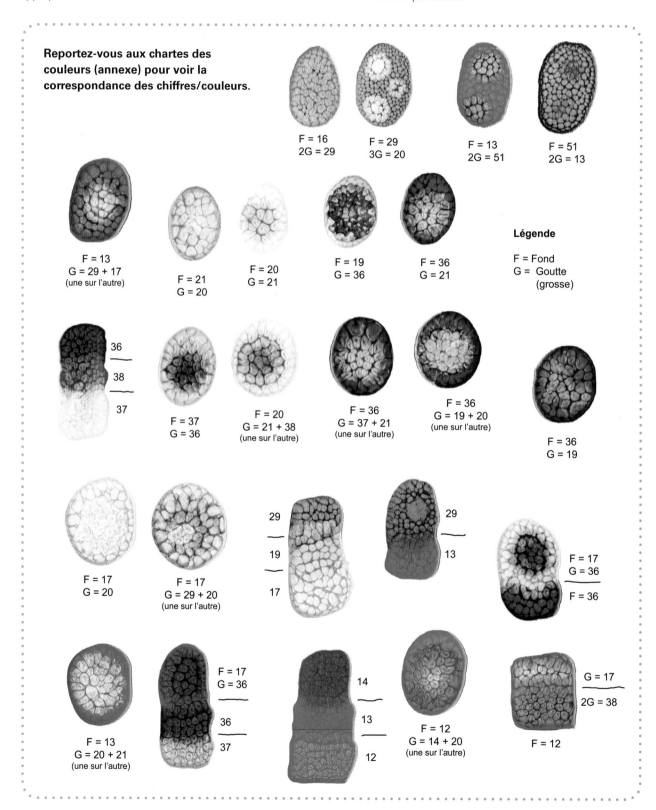

**Reportez-vous aux chartes des couleurs (annexe) pour voir la correspondance des chiffres/couleurs.**

F = 16
2G = 29

F = 29
3G = 20

F = 13
2G = 51

F = 51
2G = 13

F = 13
G = 29 + 17
(une sur l'autre)

F = 21
G = 20

F = 20
G = 21

F = 19
G = 36

F = 36
G = 21

**Légende**

F = Fond
G = Goutte
(grosse)

36
38
37

F = 37
G = 36

F = 20
G = 21 + 38
(une sur l'autre)

F = 36
G = 37 + 21
(une sur l'autre)

F = 36
G = 19 + 20
(une sur l'autre)

F = 36
G = 19

F = 17
G = 20

F = 17
G = 29 + 20
(une sur l'autre)

29
19
17

29
13

F = 17
G = 36

F = 36

F = 13
G = 20 + 21
(une sur l'autre)

F = 17
G = 36

36
37

14
13
12

F = 12
G = 14 + 20
(une sur l'autre)

G = 17
2G = 38

F = 12

### Amenez-en des projets créatifs !

Vous l'avez sûrement compris, on pourrait éditer un livre sur ces deux produits uniques tellement il y a de possibilités. Le but était ici de les présenter de façon générale pour que vous puissiez les intégrer dans vos futurs projets. En les combinant à Vitrail, on obtient des possibilités infinies et on devient complètement fou juste à y penser ! Quelques projets présentés dans ce livre sont d'ailleurs expliqués étape par étape pour que vous puissiez voir des résultats concrets, qu'ils soient combinés ou non avec la peinture à faux-vitrail habituelle. N'hésitez pas à sortir vos bouteilles et dites-vous qu'il faut juste un minimum d'imagination pour créer des effets hallucinants !

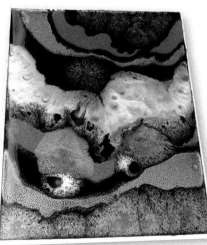

Chapitre

3

# Textures diverses

- **Des textures pour tous les goûts !**
- **Surface transparente**
    1. Gel acrylique brillant
    2. Médium éclaircissant
    3. Pinceaux à texturer
    4. Gel à masquer et ses possibilités
- **Surface opaque (faux-finis)**

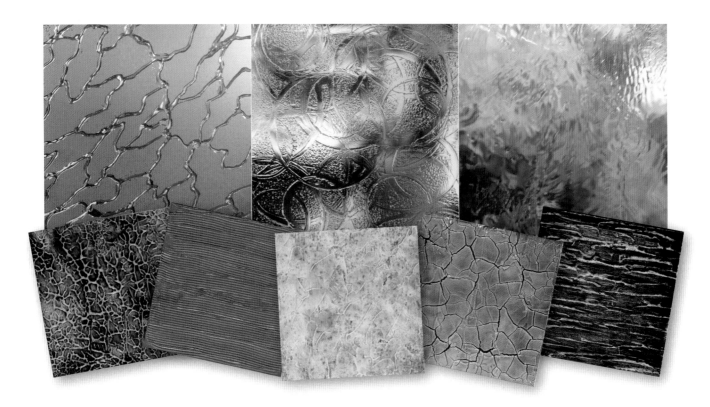

# Des textures pour tous les goûts !

**Le monde des textures est assurément sans fin. Chaque jour, un nouveau produit aux propriétés particulières apparaît sur le marché. Le gel, les pâtes lisses et granuleuses ainsi que les peintures dimensionnelles affluent de toutes parts pour le plus grand plaisir des amateurs de relief.**

Dans le précédent ouvrage, vous avez appris à faire plusieurs textures sur verre avec le gel acrylique brillant. Ce produit, très polyvalent et facile à manipuler, est à nouveau utilisé dans ce chapitre pour créer de superbes effets, mais cette fois, il ne sera plus le seul !

Vous trouverez donc dans ce chapitre non seulement de nouvelles idées de textures en transparence, mais aussi des idées de textures complètement géniales à réaliser sur des surfaces opaques comme une toile ou un coffret de bois, pour ne nommer que ceux-là. À vous de jouer maintenant ! Quel effet serait parfait à intégrer à vos projets ?

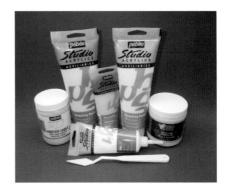

## Textures au verso du projet

Toutes les textures en transparence du tome 1 et du tome 2 peuvent être réalisées au verso de la vitre. Certains de ces effets, comme l'effet flocon, l'effet fissuré, l'effet vague, l'effet pochoir, l'effet estampé, pour ne nommer que ceux-là, sont un peu trop minces pour être peints et disparaissent si on couvre le motif de peinture. Il est alors préférable de les faire au verso. Comme la surface est transparente, vous verrez très bien les contours des sections et pourrez choisir de créer la texture sur toute la vitre ou seulement en certains endroits.

Exemple d'une texture faite au verso de la vitre (Effet flocon).

Vue de la texture pendant le séchage.

Une fois que la texture est complètement sèche, on voit le motif créé à travers les couleurs. C'est magnifique !

# Surface transparente

## 1. Textures avec le gel acrylique brillant

Nous avons déjà décrit 12 textures utilisant le gel acrylique brillant dans le premier livre. En voici quatre nouvelles suivies d'une cinquième qui s'inspire d'autres produits mixtes.

*Notez que l'Effet bossé et l'Effet givré expliqués dans le tome 1 sont de retour, car certains projets et textures y font référence.*

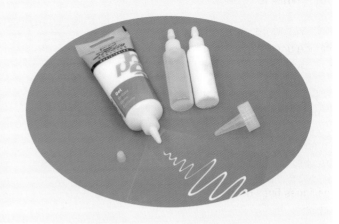

## Effet ronds sur fond givré

**Outil : éponge et petit verre de plastique**

**1.** Commencez par faire un effet givré sur la surface (tapotez avec une éponge).

**2.** Aussitôt la texture de fond faite, marquez la surface en plusieurs endroits avec le haut du verre. Pour que chaque cercle soit bien défini, il faut tourner le verre sur lui-même (un demi-tour) chaque fois. Les cercles doivent aussi se superposer et même « sortir du cadre ».

**3.** Tournez ensuite le verre de côté et marquez la surface avec la base de la même façon. Le travail est terminé quand il y a des cercles sur toute la surface. Laissez sécher.

Résultat avant séchage.

### Idée !

On peut aussi combiner plusieurs formats de verre différents. On peut aligner les cercles, les juxtaposer, en faire des minuscules, etc.
On peut utiliser des formes différentes pour marquer la surface (ex. : moules à biscuit ou à bricolage, petites boîtes, rouleau de papier, etc.).

## Effet ligné très fin

**Outil : pinceau-éponge**

**1.** Appliquez rapidement au pinceau-éponge une **mince** couche de gel sur la section.

**2.** Essuyez le pinceau-éponge sur un papier absorbant pour enlever le surplus de gel et repassez sur la section, cette fois pour créer le motif (glissez le pinceau-éponge sur la surface en ligne droite horizontale). Les lignes fines doivent être uniformes et le plus droites possible. Laissez sécher complètement.

**Variante**

Répétez les étapes dans le sens vertical. La superposition des deux textures donnera l'effet très particulier d'une toile tissée transparente !

Variante.

Résultat avant séchage.

## Effet bossé

**Outil : gel acrylique dans une bouteille**

**1.** Appliquez le gel inégalement dans la section en faisant des « vrilles » dans tous les sens et en laissant des petits endroits vides un peu partout. Tentez de conserver le même type de vrille partout pour un résultat harmonieux et évitez de faire des gros monticules de gel qui prendront plus de temps à sécher en profondeur.

**2.** Une fois la section remplie, laissez sécher jusqu'à ce que le gel devienne complètement transparent.

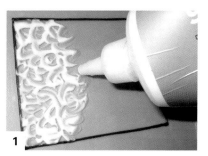

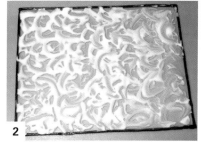

## Effet flocons

**Outil : votre doigt !**

**1.** Trempez le bout du doigt dans le gel acrylique brillant et imprimez-le partout sur la surface.

Pressez le doigt suffisamment fort et longtemps pour créer chaque fois un joli motif de style « flocon mouillé » (ajustez la quantité de gel en conséquence). Répétez partout dans la section sans laisser de vide.

**2.** Laissez sécher.

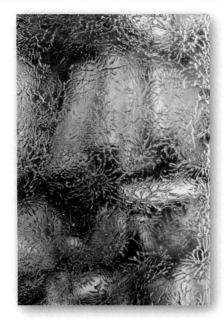

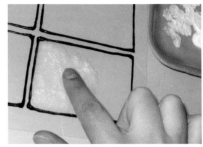

Résultat avant séchage.

## Effet givré

**Outil : bloc d'éponge en mousse coupé aux ciseaux (de différentes tailles)**

**1.** Trempez un carré d'éponge dans le gel acrylique et tapotez sur place pour distribuer le gel sur toute la surface.

**2.** Tapotez ensuite toute la section afin de créer une texture fine et délicate (on doit voir des minibulles partout).

**3.** Laissez sécher.

> ### Conseil
> On peut utiliser d'autres sortes d'éponges pour varier le résultat. Plus l'éponge est fine, plus le résultat sera fin.

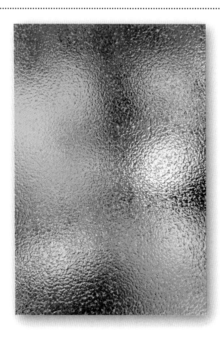

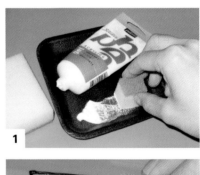

1

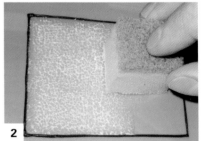

2

3

## Effet motif givré

**Outil : pinceau-éponge**

**1.** Trempez la pointe (seulement) du pinceau-éponge dans le gel acrylique brillant. Tenez le pinceau à la verticale et marquez la surface dans tous les sens en variant la pression sur le pinceau. Il ne faut pas couvrir le fond totalement mais plutôt laisser des endroits vides un peu partout.

**2.** Laissez sécher.

## Effet fissures sur fond mat

**Outils et produits : éponge, médium mat Vitrail, cerne relief transparent, patron**

**1.** Réalisez un fond mat partout sur la section à l'aide d'une éponge et du médium mat. Laissez sécher jusqu'à ce que le fini mat soit complètement sec.

**2.** Fixez le patron sous la surface (vous pouvez le mettre dans le sens que vous voulez, l'agrandir, le réduire et prendre la partie qui vous convient). Tracez les lignes du patron avec le cerne relief transparent. Soyez minutieux, car une fois la ligne tracée au cerne, on ne peut plus l'enlever sans que cela paraisse.

**3.** Laissez sécher complètement.

**Idée !**
Tous les motifs fonctionnent avec cette technique : des carrés, des cercles, des vagues, des lignes droites, des patrons de pochoirs, etc.

1

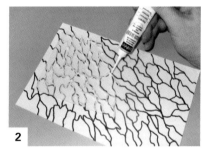
2

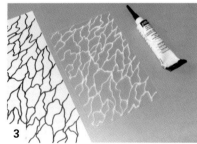
3

Résultat avant séchage.

**Truc**
On pourrait également tracer les lignes avec le gel acrylique brillant. Ces lignes seront toutefois moins bombées.

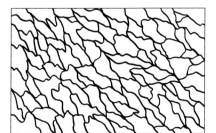

Patron, voir page 187.

## 2. Médium éclaircissant

Le médium éclaircissant est habituellement utilisé pour éclaircir les couleurs, faire des dégradés et des effets spéciaux (voir tome 1). Savez-vous qu'on peut aussi l'utiliser pour faire des motifs de transparence ? Voici trois idées de texture que vous pouvez réaliser avec ce médium très polyvalent.

### Verre flou

Étendez au pinceau une **mince** couche de médium éclaircissant sur toute la section. Laissez le médium se figer une minute ou deux et dessinez au pinceau des petits « C » dans tous les sens partout sur la section. Les « C » doivent restés imprimés dans le médium pour obtenir le résultat souhaité. S'ils s'étendent ou disparaissent, c'est que la couche de médium est trop épaisse. Laissez la surface se figer une minute ou deux et recommencez les « C ». Laissez sécher 24h. Le lendemain, refaites une deuxième fois cette technique pour donner encore plus d'épaisseur et de profondeur à cet effet. Laissez sécher 24h.

### Verre embrouillé

Le verre embrouillé peut se réaliser avec le pinceau ou avec l'éponge.

**Technique au pinceau :** Étendez une **mince** couche de médium éclaircissant sur toute la section. Tapotez ensuite toute la surface avec le pinceau en repassant de temps en temps aux endroits déjà faits pour uniformiser les coups de pinceau. Si la surface ne reste pas marquée, c'est que la couche de médium est trop épaisse. Enlevez-en avec le pinceau et tapotez la surface à nouveau. Laissez sécher 24h.

Technique au pinceau.

**Technique à l'éponge :** Étendez une **mince** couche de médium sur toute la section avec un pinceau. Avec une éponge fine, tapotez doucement la surface pour la rendre embrouillée. S'il y a trop de bulles pendant que vous tapotez, essuyez simplement l'éponge sur un papier absorbant afin de retirer le surplus de médium dans l'éponge. Laissez sécher 24h.

Technique à l'éponge.

### Verre déformé

Remplir simplement la section avec beaucoup de médium éclaircissant, en évitant de tapoter avec le pinceau. Crevez les bulles apparentes avant que le médium se fige. Laissez sécher 24h.

**Suggestion**
On pourrait aussi réaliser toutes ces textures avec de la résine époxy.

## 3. Pinceaux à texturer

Les pinceaux en caoutchouc sont géniaux pour créer des textures particulières dans un projet. Gravez le motif du pinceau dans le gel ou la pâte à texturer de votre choix. Il existe des milliers de possibilités !

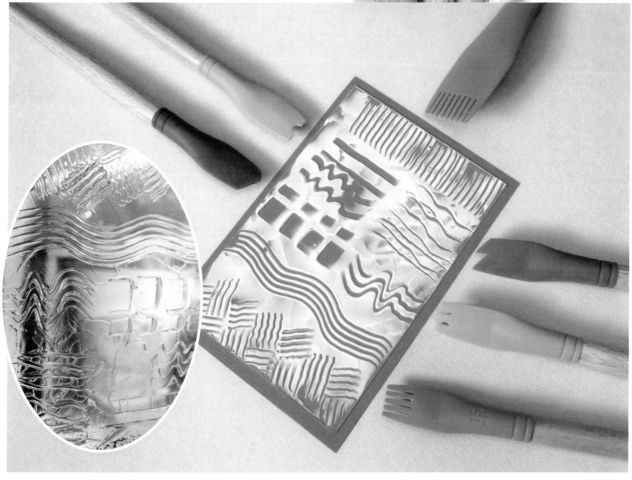

# 4. Gel à masquer et ses possibilités

Le gel à masquer est un produit habituellement utilisé pour protéger certaines zones d'une pièce afin qu'elles n'entrent pas en contact avec les crèmes ou liquides qui grugent le verre. Sa couleur est blanchâtre à l'application et devient plus ou moins transparente en séchant, selon l'épaisseur appliquée. Comme ce produit n'adhère pas à la surface de verre, il se retire facilement avec les doigts, et ce, sans se casser en mille morceaux. C'est d'ailleurs ce dernier élément qui fait toute la différence et qui le rend unique et intéressant à utiliser.

Gel à masquer.

La seule ombre au tableau : toutes les pièces et surfaces ne peuvent être utilisées ! Il faudra peindre seulement sur du verre ou avec un fini semblable (céramique par exemple). Ne l'appliquez pas sur du plastique, plexiglas, bois, acétate ; ça ne fonctionnera pas. Le gel colle et ne s'enlève plus ! Il vous faudra donc choisir le type de support en fonction de cette information si vous voulez inclure ce produit dans vos projets.

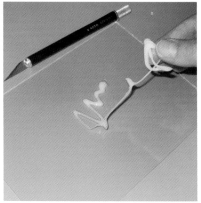

Après quelques heures de séchage, on peut retirer le gel facilement avec les doigts (même si le produit n'est pas complètement sec à cœur).

## Important

**Le gel à masquer présenté dans ce livre peut être utilisé uniquement sur le verre ou une surface de finition semblable (céramique, vaisselle, miroir, etc). Mais il est aussi possible qu'à l'heure actuelle de nouveaux produits équivalents soient disponibles sur le marché. Peut-être même qu'ils réagissent différemment du gel proposé dans ce livre !**

**Testez-les sur des surfaces variées et vous verrez s'ils se décollent proprement. Si la réponse est oui, vous pourrez les utiliser dans vos projets.**

### Comment utiliser le gel à masquer dans un faux-vitrail

Le principe est simple : Vous tracez d'abord le motif avec le gel à masquer et le laissez sécher. Une fois qu'il est suffisamment sec pour être retiré, vous appliquez un médium ou faites une texture sur ce motif tracé. C'est ce fameux fini qui mettra en évidence votre dessin. Aussitôt que le fini est fait (ne laissez pas sécher), vous retirez le motif et laissez ensuite sécher le tout. À noter que vous pouvez également utiliser cette technique lorsque vous peignez avec les couleurs, mais il faut que la couche de peinture soit très mince sinon ça ne fonctionne pas. Comme il faut retirer le motif pendant que la peinture est fraîche, cette dernière s'étendra aussitôt que vous enlèverez le gel à masquer.

Après avoir testé plusieurs finis et textures, j'ai découvert que deux d'entre eux donnent particulièrement de beaux résultats (Effet givré et Fini mat). Je les utilise pour expliquer les étapes de réalisation (A et B). Vous pourrez ainsi les comparer et choisir votre favori.

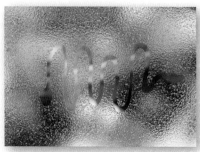

Effet givré (gel acrylique brillant).

Fini mat (médium mat).

*Les contours des sections doivent avoir été tracés au préalable.*

**1.** Fixez le patron sous la vitre. Tracez les contours de votre motif avec le gel à masquer. Le trait doit être épais pour bien s'enlever par la suite (A). Évidemment, ce motif ne doit pas être en contact avec les contours de sections (cerne ou plomb adhésif) et il faut nettoyer tous les débordements avant qu'ils sèchent. Une fois le motif terminé, laissez-le sécher complètement (plusieurs heures) (B). Selon l'épaisseur du gel, le séchage peut prendre plusieurs heures. Aussitôt que le motif est transparent, vous pouvez passer à l'étape suivante. Si le motif est encore un peu blanc à l'intérieur 12h plus tard, ce n'est pas grave. C'est seulement que vous avez appliqué une couche très épaisse (comme dans cet exemple). Passez à l'étape 2 quand même.

**2.** Commencez à faire la texture (finition) par-dessus. Pour l'exemple du cupcake, c'est un *Fini mat*, tandis que pour l'exemple avec pochoir (page suivante), c'est l'*Effet givré*. Pour réaliser le fini mat, appliquez grossièrement au pinceau le médium mat sur toute la section (C). Aussitôt que le médium est appliqué, tapotez toute la surface avec une éponge en mousse (D). Retirez ensuite sans attendre le motif (gel à masquer) délicatement à l'aide d'une lame et de vos doigts. **Attention, cette étape est extêmement délicate, car il ne faut pas toucher au fond** (E).

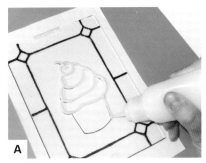

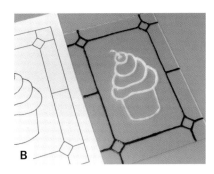

Traçage du dessin avec le gel à masquer.

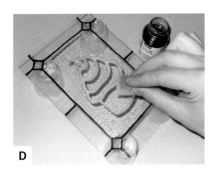

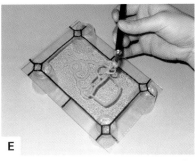

Réalisation du fini mat et retrait du motif en gel à masquer.

**3.** Le fini mat apparaîtra en séchant. Corrigez les imperfections avec une lame ou un coton-tige humide si nécessaire (F).

**Idée !**

Le gel à masquer peut être aussi utilisé avec les couleurs Vitrail si ces dernières sont appliquées en couche mince.

**Important**

Il faut toujours retirer le motif AVANT que le fini sèche.

## B – Utiliser le gel à masquer avec un pochoir

*Les contours des sections doivent avoir été tracés au préalable.*

**1.** Fixez le pochoir sur la surface. Le pochoir doit être très stable pour obtenir un beau résultat. Appliquez une petite quantité de gel à masquer sur le pochoir tout près du motif (A). Étendez à la spatule ce gel dans le motif du pochoir (B) et retirez ce dernier aussitôt (C). Retouchez le motif si nécessaire et tracez les autres éléments s'il y a lieu (D). Laissez sécher complètement (E).

**A**

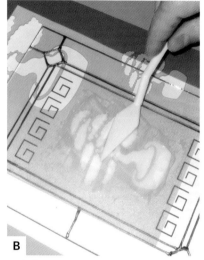

**B**

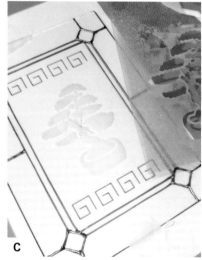

**C**

Application du gel à masquer dans le motif du pochoir.

**D**

On trace les autres éléments de la composition après avoir fait celui du pochoir.

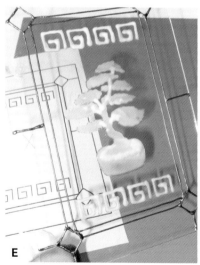

**E**

Résultat avant séchage. Passez ensuite à l'étape 2 (page suivante).

**Idée !**
**Les pochoirs autocollants sont parfaits pour ce genre d'utilisation. N'hésitez pas à les utiliser.**

Projet Faux-vitrail bonsaï.

**Truc**

Il est suggéré de vaporiser une colle en aérosol derrière le pochoir pour qu'il adhère mieux (laissez sécher la colle sous le pochoir et collez et décollez-le plusieurs fois sur une autre surface de verre ou de plastique pour retirer l'exédent de colle).

**2.** Créez l'effet voulu (Effet givré) partout dans la section en prenant soin de bien tapoter tout près du motif (bombé) (A). Aussitôt que l'Effet givré est terminé, retirez les motifs un à un (piquez la lame dans le gel et tirez le motif vers le haut). **Prenez soin de ne pas toucher la texture de fond** (B). Laissez sécher complètement. Grattez les imperfections avec une lame si nécessaire (C).

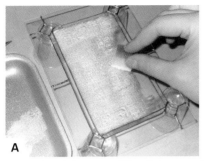

A

B

Réalisation de la texture Effet givré et retrait des motifs en gel à masquer.

B

C

La lame est très utile pour redéfinir les contours du motif.

**Voici d'autres motifs que vous pourriez faire. Amusez-vous à en créer de nouveaux. Il y a tellement de possibilités !**

1 – Tracez les motifs avec le gel à masquer et laissez sécher.

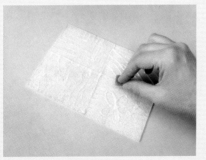

2 – Créez la texture choisie par-dessus le motif.

3 – Retirez le motif avant que la texture sèche.

Résultat avant séchage.

# Surface opaque (faux-finis)

Gel acrylique brillant (A) ; Pâte granuleuse (Mortier sable) (B) ; Ensemble de pâte à craqueler (C) ; Pâtes à texturer standard au choix (D).

## Les gels et pâtes à texturer sur une surface opaque

**Lorsqu'on réalise un faux-vitrail sur une surface opaque comme une toile, un coffret ou une plaque de bois par exemple, on peut texturer certaines parties de la pièce pour y ajouter une dimension.**

Les produits utilisés pour faire les textures ci-dessous sont le gel acrylique brillant (le même que sur le verre) et les pâtes à texturer de style « stucco » au fini blanc. Ces dernières ont la particularité d'avoir un fini granuleux plus ou moins prononcé et une consistance plus épaisse que le gel, ce qui ouvre la porte à de nouveaux faux-finis tout à fait magnifiques.

Voici donc en rafale des propositions de textures variées (faux-finis) :

### Note

Une texture réalisée avec le **gel acrylique brillant** devrait se faire sur un fond blanc (gesso) si vous voulez obtenir le ton exact de la couleur Vitrail transparente (ex. : le jaune sur un fond blanc est beaucoup plus éclatant que sur un fond beige). Mais on peut aussi peindre le fond avec de la peinture acrylique et peindre ensuite avec une couleur Vitrail. Le résultat sera alors une combinaison des deux tons.

## Texture de base

**Produit : Gel acrylique brillant**

**1.** Appliquez à la spatule une couche de gel acrylique brillant sur la surface en prenant soin de distribuer les coups de spatule pour que ce soit harmonieux. Laisser sécher.

**2.** Étendez au pinceau une couche de peinture Vitrail le plus également possible. Laissez sécher complètement 24h.

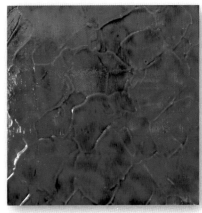

Autre exemple de couleur : Bleu profond.

1

1

Résultat avant séchage.

2

Couleur utilisée : Vert pomme.

### Variante

Tracez un joli motif avec le cerne relief transparent sur cette *texture de base* sèche avant d'appliquer les couleurs Vitrail (A). Laissez sécher complètement, puis peignez avec les couleurs choisies (B). Le résultat est très beau !

A

B

Couleur utilisée : Greengold.

Résultat.

## Effet vieux cuir

**Produit : Gel acrylique brillant**

**1.** Appliquez à la spatule une **généreuse** couche de gel acrylique brillant sur la surface. Tapotez ensuite ce gel avec la spatule à plat pour faire des gros « pics » partout. Plus les « pics » seront gros, plus la texture sera apparente et définie.

**2.** Laissez sécher.

**3.** Étendez au pinceau une couche de peinture Vitrail partout sur la surface. Laissez sécher complètement 24h.

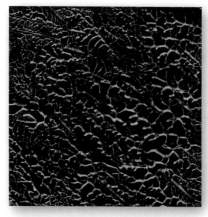

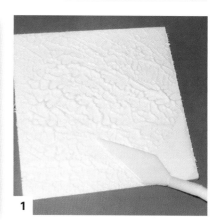

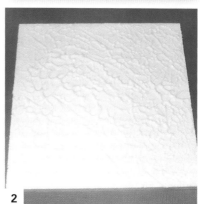

Couleur utilisée : Brun.

## Autres exemples de couleurs

Jaune (couche de gel mince).

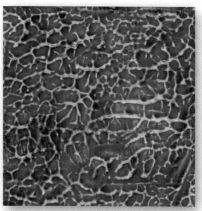

Parme (couche de gel très épaisse).

Pourpre (couche de gel moyenne).

Couleur utilisée : Turquoise.

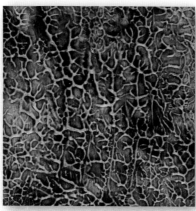

Turquoise (couche de gel moyenne).

**Truc**

C'est l'épaisseur de gel appliqué qui fait que le motif sera plus ou moins apparent.

## Effet cuir linéaire

**Produit : Gel acrylique brillant**

*Cette texture ressemble aussi à de l'écorce si vous la faites à la verticale.*

**1.** Appliquez à la spatule une **généreuse** couche de gel acrylique brillant sur la surface. Essuyez rapidement la spatule sur un papier absorbant et faites des lignes horizontales partout dans le gel (utilisez le côté de la spatule).

**2.** Laissez sécher.

**3.** Étendez au pinceau une couche de peinture Vitrail partout sur la surface. Laissez sécher complètement 24h.

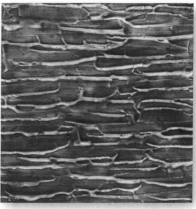

Autre exemple de couleur : Bleu cobalt.

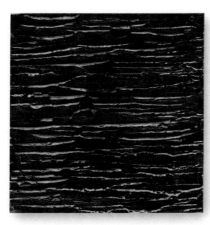

Cette texture est aussi très jolie sur une surface transparente (en couche mince) !

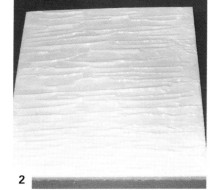

**Variante**

Si vous frottez plus ou moins fort la surface aussitôt après avoir appliqué la peinture, vous obtiendrez un magnifique effet délavé ! Génial !

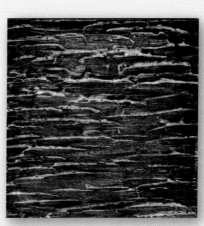

## Fini granuleux

**Produit : Pâte à texturer granuleuse
(Mortier sable)**

**1.** Appliquez à la spatule une couche
de pâte granuleuse sur la surface.
Laissez sécher.

**2.** Étendez au pinceau une couche
de peinture Vitrail partout sur la
surface. Laissez sécher.

**Idée !**
Si vous n'avez pas de pâte
granuleuse, vous pouvez faire
votre propre mélange maison
en ajoutant du sable au gel ou
à la pâte à texturer.

Couleur utilisée : Brun.

**Réaliser un faux-fini
sur la texture**

Avant d'appliquer la peinture Vitrail,
on peut appliquer une couche de
fond sur la texture (peinture acrylique
par exemple) pour la rendre plus
riche.

**1.** Faites d'abord la texture de
votre choix et laissez-la sécher
complètement.

**2.** Peignez cette texture avec la
couleur acrylique choisie (A). Une
fois la couleur bien sèche, trempez
le pinceau dans l'eau et mouillez
le dessus de la texture. Frottez la
surface mouillée avec une éponge
à récurer (côté rugueux) pour faire
ressortir le motif de la texture.
Attention, il faut frotter doucement
pour ne pas abîmer la surface (B).
Laissez sécher.

**3.** Appliquez la peinture Vitrail (C).

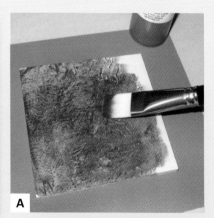

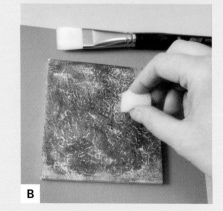

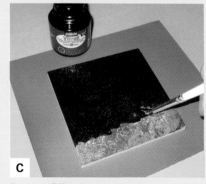

Texture : Effet vieux cuir.
Couleur utilisée : Pourpre.

## Motif ligné

**Produit : Pâte à texturer standard**

**1.** Appliquez à la spatule une couche de pâte à texturer sur la surface. Marquez la surface de petites lignes fines avec un petit couteau de plastique dentelé (coupez l'extrémité).

**2.** Laissez sécher.

**3.** Étendez au pinceau une couche de peinture Vitrail partout sur la surface. Laissez sécher complètement 24h.

**Variante**
Marquez la surface dans n'importe quel sens (croisés, vagues, de haut en bas, etc.) et le résultat sera différent !

Couleur utilisée : Cramoisi.

## Motifs gravés dans la pâte

**Produit : Pâte à texturer standard**

**1.** Appliquez à la spatule une couche de pâte à texturer sur la surface. Gravez-y toutes sortes de motifs avec un triangle ou un pinceau en caoutchouc, une fourchette de plastique, un stylet, etc. À vous de créer votre propre composition !

**2.** Laissez sécher.

**3.** Étendez au pinceau une couche de peinture Vitrail partout sur la surface. Laissez sécher complètement 24h.

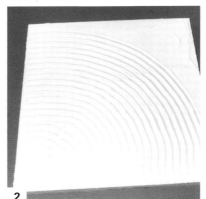

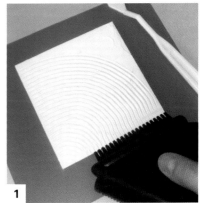

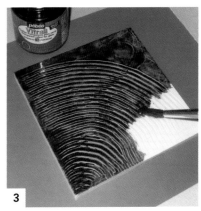

Couleur utilisée : Chartreuse.

## Motif gravé dans la pâte (pochoir)

### Produit : Pâte à texturer standard

**1.** Fixez le pochoir solidement à l'endroit voulu. Appliquez à la spatule une couche de pâte à texturer sur le motif du pochoir en retirant bien l'excédent de pâte.

**2.** Retirez le pochoir et retouchez le motif s'il y a lieu. Laissez sécher.

**3.** Étendez au pinceau une couche de peinture Vitrail partout sur la surface. Laissez sécher.

1

2

3

Couleur utilisée : Sable avec une touche de Jaune.

### Idée !

On peut aussi se servir de la pâte pour ajouter un élément supplémentaire au projet. Ici un peu de pâte ajouté sur le contour de la pièce pour simuler un cadre et le tour est joué !

**Tous les pochoirs peuvent être utilisés avec la pâte à texturer. Amusez-vous à créez votre propre composition.**

## Fini craquelé

**Produit : Pâte à texturer effet craquelé (deux produits)**

**1.** Faites la craquelure en suivant la méthode indiquée sur le produit et laissez-la sécher complètement. Dans l'exemple proposé, j'ai d'abord appliqué une couche de noir acrylique sur la surface. Ensuite, j'ai appliqué à la spatule le médium « sous-couche pour effet craquelé » et laissé sécher une heure environ jusqu'à ce que le médium soit sec (A-B). Puis, j'ai appliqué à la spatule une généreuse couche de « pâte pour effet craquelé » partout sur la surface (C). Les craquelures sont apparues lors du séchage (D).

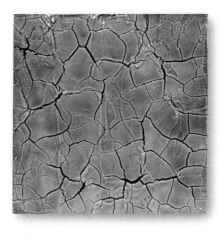

**2.** Étendez au pinceau une couche de peinture Vitrail partout sur la surface. Laissez sécher complètement 24h (E).

*Il existe plusieurs pâtes ou produits à craqueler sur le marché. Suivez les indications du fabricant pour leur application. N'oubliez pas que la couche supérieure doit être blanche.*

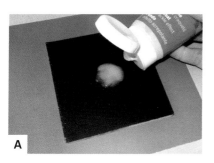

**A**

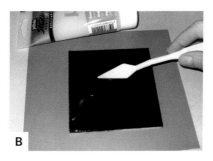

**B**

**C**

**D**

Effet craquelé sec.

**E**

Couleur utilisée : Orange.

Ex. : Projet Marguerites art déco !

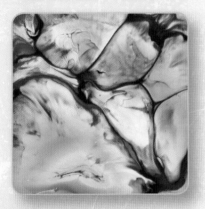

# Projets à réaliser !

Ce chapitre contient plusieurs projets à réaliser sur toutes sortes de surfaces différentes. À travers eux, vous apprendrez comment utiliser concrètement les techniques expliquées précédemment.

# Projets à réaliser !

**1**
Cocktail estival ! — 88

**2**
Les fleurs de grand-maman Lulu — 91

**3**
Orchidées sur acétate — 96

**7**
Œuvre d'art sur verre — 114

**8**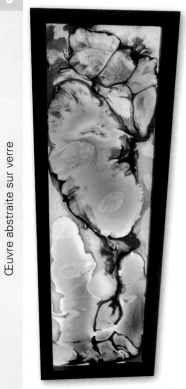
Œuvre abstraite sur verre — 117

**9**
Cadre passe-partout — 120

**13**
Coffre yin yang ! — 134

**14**
Marguerites art déco ! — 138

**18**
Plaque Bienvenue ! — 152

**19**
Plaque d'adresse (55) — 155

4 — Africa (zèbre) — 99

5 — Hibou chic ! — 102

6 — Création de bijoux — 109

10 — Un hibou chouette ! — 122

11 — Art abstrait 1 — 127

12 — Art abstrait 2 — 130

15 — Faux-vitrail ensoleillé — 142

16 — Arbre fleuri — 146

17 — Faux-vitrail bonsaï — 150

20 — Plaque décorative — 158

21 — Feuillage sur toile — 161

22 — Une lampe colorée ! — 164

*Cocktail estival !*

### Matériel

**Patron :** Page 174
**Surface :** Verre
**Format :** 8 x 10 po
 (20,3 x 25,4 cm)

**Liste des couleurs :**
Bleu cobalt, Turquoise,
Orange, Bleu ciel, Citron,
Parme, Bleu profond,
Cramoisi, Médium
éclaircissant

**Autres produits :**
Cerne relief : noir
Gel acrylique brillant

**Texture :**
Effet givré

**Autre matériel :**
2 petites estampes au
 choix (motif festif)

### Préparation de la pièce

1. Nettoyez la vitre avec de l'alcool à friction et un papier absorbant.

### Positionnement du patron

2. Placez le patron sous la vitre et fixez-le solidement en haut et en bas avec du ruban adhésif.

### Traçage des contours

3. Tracez toutes les lignes du dessin avec le cerne relief (sauf le contour).

### Réalisation de la texture

## Sections X sur le patron

Pour bien réussir cet effet, vous devrez travailler rapidement (une section à la fois), car une étape supplémentaire s'ajoute à la technique de base.

4. Faites l'Effet givré (éponge) dans toute la section.

5. Essuyez ensuite le contour de la section (motif central inclus) avec un coton-tige propre pour faire une bordure claire. N'hésitez pas à utiliser autant de cotons-tiges que nécessaire pour retirer ce gel. La bordure doit être propre et bien définie. Si le gel devient plus difficile à retirer, mouillez le coton-tige avec de l'eau.

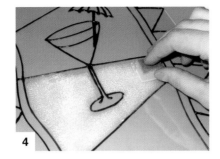

4

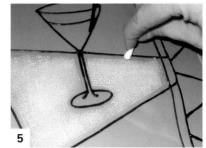

5

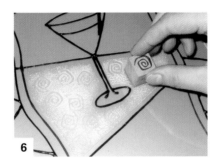

6

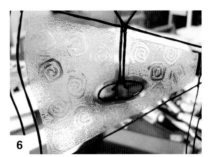

6

6. Imprimez le motif de l'estampe un peu partout dans la section (essuyez le surplus de gel aussitôt que l'estampe est saturée). Laissez sécher.

7. Répétez dans les trois autres sections centrales en alternant les estampes. Laissez sécher jusqu'à ce que le gel devienne complètement transparent. Passez à l'étape des couleurs.

7

La bordure claire doit être parfaitement définie.

### Légende des couleurs

(Voir le patron)

**A** = Fond Citron + gouttes de Bleu cobalt

**B** = Fond Parme + gouttes de Orange

**C** = Orange

**D** = Bleu ciel

**E** = Citron

**F** = Turquoise

**G** = Bleu profond

### Application des couleurs

L'application des couleurs se réalise en deux temps, car il faut laisser sécher la peinture 24h entre les deux étapes. Voici comment procéder :

#### • Étape 1

8. Au pinceau, remplissez toutes les sections avec les couleurs correspondantes (voir la légende). Il est recommandé de faire toutes les sections de même couleur en même temps et ensuite de passer à une autre couleur. Les **sections A** et **B** ont une variante : aussitôt que ces sections sont remplies avec la couleur de fond, laissez tomber deux ou trois petites gouttes d'une autre couleur (voir la légende) afin de créer un effet spécial (coton-tige propre).

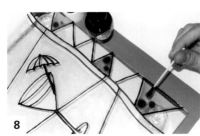

8

Ex. : sections A.

8

Étape 1 terminée.

### • Étape 2

Une fois que toutes les couleurs appliquées à l'étape 1 sont bien sèches, passez à l'étape 2 qui consiste à appliquer une deuxième couche de peinture par-dessus la première couche afin de créer de nouveaux tons (certaines sections seulement).

9. Étendez au pinceau une couche uniforme de peinture dans les sections correspondantes (voir la légende).

10. Essuyez rapidement le contour de ces sections avec un coton-tige propre pour faire apparaître la couleur de la couche inférieure.

11. Tracez enfin à l'aide du stylet une petite vrille (ou un dessin qui rappelle le motif de votre estampe) sur la couleur fraîche et légèrement figée. Laissez sécher.

9

10

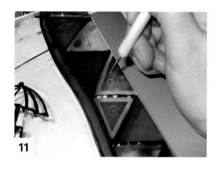

11

### Légende des couleurs
(Voir le patron)

**E** = Bleu cobalt (étendre en une couche mince)

**C** = Cramoisi

**D** = Bleu profond

### Remarque
Lorsqu'on juxtapose des couches de peinture les unes sur les autres, il est possible que la peinture « craque » en certains endroits, selon l'humidité et la consistance des produits.

---

### Étape de finition
Peignez les éléments suivants :

### Coupe

12. Au pinceau, remplissez toutes les sections de la coupe avec les couleurs correspondantes (voir la légende). Il est recommandé de faire toutes les sections de même couleur en même temps et ensuite de passer à une autre couleur.

### Légende des couleurs
(Voir le patron)

**K** = Turquoise
**L** = Médium éclaircissant
**M** = Orange
**N** = Parme

### Idée !
Vous pouvez modifier la couleur du cocktail dans la coupe… ou même changer la forme de la coupe !

### Points décoratifs
*(Sections A)*

13. Trempez le bout du manche du pinceau dans le Bleu profond et faites des points par-dessus les ronds obtenus préalablement.

### Points dans les bordures claires

14. Trempez un stylet dans une première couleur (Bleu cobalt) et faites des petits points décoratifs dans la bordure claire des sections centrales texturées (deux sections sur quatre). Changez ensuite de couleur (Cramoisi) et faites de même pour les deux sections restantes. Laissez sécher.

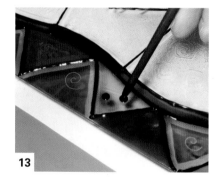

13

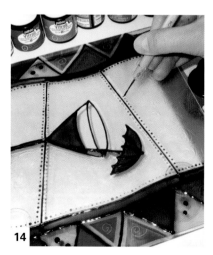

14

## Matériel

**Patron:** Page 175
**Surface:** Verre
**Format:** 8,5 x 11 po
(21,6 x 27,9 cm)

**Liste des couleurs:**
Vitrail: Bleu cobalt,
Cramoisi, Jaune, Parme,
Vert pomme, Chartreuse,
Brun
Porcelaine 150: Anthracite
(pour plume minerve)

**Autres produits:**
Médium éclaircissant
Médium pailleté
Gel acrylique brillant

**Textures:**
Effet bossé, effet flocon

**Autre matériel:**
Petit contenant
Pinceau fin
Plume minerve

Vue du projet sur fond blanc.

## Préparation de la pièce

**1.** Nettoyez la vitre avec de l'alcool à friction et un papier absorbant.

## Positionnement du patron

**2.** Placez le patron sous la vitre et fixez-le solidement en haut et en bas avec du ruban adhésif.

## Traçage des contours

**3.** Tracez toutes les lignes du dessin avec la plume minerve remplie de peinture Anthracite Porcelaine.

## Application des couleurs

*Les textures seront réalisées à la fin, car il y a risque de débordement pendant le remplissage avec les couleurs.*

Remplissez toutes les sections des fleurs, du feuillage et du sol avec les couleurs correspondantes (voir la légende) en suivant les instructions suivantes.

Étant donné que les contours sont très minces, il est recommandé d'attendre quelques minutes entre le remplissage des fleurs et celui du feuillage pour éviter que les couleurs se touchent. C'est même encore mieux si vous laissez sécher les fleurs complètement. S'il y a débordement, ce sera ainsi plus facile de retirer la peinture sans abîmer le travail déjà fait.

Une fois les sections remplies, laissez sécher complètement 24h avant de passer à l'étape de la finition.

### Légende des couleurs (fleurs)

**C** = Cramoisi
**B** = Bleu cobalt
**P** = Parme

Plan fleurs.

## Fleurs

### Pétales

**4.** Remplissez tous les pétales des fleurs en utilisant des cure-dents. Reportez-vous au plan ci-dessus et à la légende pour les couleurs à utiliser.

### Boutons de fleur

**5.** Remplissez tous les boutons des fleurs avec la couleur Jaune. Aussitôt que la couleur est appliquée, tapotez doucement le centre de chaque bouton avec un coton-tige propre afin de créer des tons plus clairs (le coton-tige absorbera la peinture). Laissez sécher.

4

4

## Feuillage

Le feuillage demande de la créativité de votre part et se réalise selon l'inspiration du moment. Il n'y a pas de code de couleur déterminé. Certaines des feuilles (les plus grosses) sont réalisées avec la technique du dégradé (voir livre 1), tandis que d'autres sont simplement remplies d'une couleur verte au choix. L'idée est de faire des contrastes entre les sections qui se touchent pour que l'ensemble ne soit pas de même ton.

Il est préférable de réaliser le feuillage graduellement en commençant par les grosses feuilles qui se trouvent autour des fleurs (voir plan) et de terminer avec les grandes feuilles allongées du haut. Comme ce n'est pas facile de s'y retrouver tellement il y a de feuilles, il vous faudra une certaine dose de patience et d'observation au moment de remplir ces sections. Pour vous aider à vous y retrouver, je vous recommande fortement de remplir les sections du sol en premier (ce que je n'ai pas fait !), vous verrez ainsi mieux les sections du feuillage. Les informations du sol se trouvent tout de suite après celles du feuillage. Aussi, placez la photo du projet fini devant vous pour vous guider et voir les tons de vert utilisés.

Plan feuillage du bas.

## Feuillage du bas

Pour réaliser les plus **grosses** feuilles, vous avez besoin de 3 couleurs : Vert pomme, Chartreuse et médium éclaircissant. Voici comment procéder pour une feuille (Technique du dégradé) : *Ne laissez pas sécher entre les étapes.*

**6.** Remplissez la moitié de la feuille (bout) avec la couleur Vert pomme (gros cure-dent). Ne mettez pas une couche épaisse de peinture sinon ça va déborder. Il faut simplement couvrir le fond.

**7.** Remplissez le reste de la feuille avec la couleur Chartreuse.

**8.** Mélangez la jonction des deux couleurs pour former un dégradé.

**9.** Laissez tomber une goutte de Médium éclaircissant sur le bout de la feuille et mélangez doucement pour créer des nuances dans le vert.

**10.** Absorbez le surplus de peinture sur le bout de la feuille pour l'éclaircir par endroits.

**11.** Toutes les petites sections entre les grosses feuilles sont simplement remplies avec les deux types de vert en alternance.

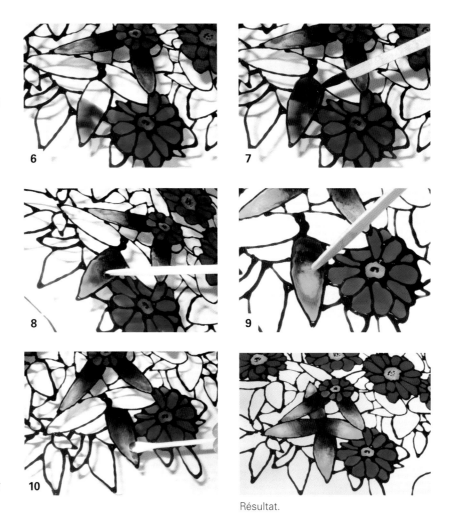

Résultat.

**Note :** Vous pouvez faire plusieurs feuilles à la fois si vous remplissez rapidement les sections.

**Feuillage du haut**

**12.** Une fois tout le feuillage du bas réalisé, faites certaines longues feuilles du haut de la même façon (au choix). Le dégradé se fait alors dans le sens vertical en variant l'ordre des couleurs. Pour que le résultat soit beau, veillez à ce que les feuilles qui se touchent ne soient pas du même ton. Notez qu'on ne fait pas de dégradé dans toutes les feuilles. Certaines sont simplement remplies avec une seule couleur et d'autres éclaircies avec le médium éclaircissant.

## Sol

**13.** Mélangez la couleur Brun et le médium pailleté en parties égales dans un petit contenant.

Remplissez les sections du sol au pinceau avec ce mélange.

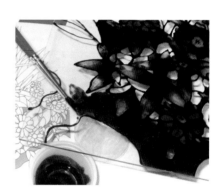

Plan (sol).

**Étape de finition**

## Réalisation des textures

**14.** Faites l'Effet bossé dans les pierres du bas (sections en gris **foncé** sur le plan).

**15.** Faites ensuite l'Effet flocon dans la partie non peinte du haut (en gris **pâle** sur le plan). Essuyez tout débordement sur le feuillage avec un coton-tige avant qu'il sèche.

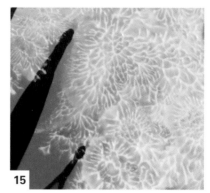

Vue de près du motif créé avec le doigt (Effet flocon).

## Lignes fines sur le feuillage
*(pinceau fin)*

**16.** Peignez une ligne fine au centre de chaque feuille autour des fleurs (les plus grosses) avec la couleur Chartreuse.

**17.** Accentuez le contour de certaines longues feuilles du haut avec la couleur Bleu cobalt (celles qui ont besoin de plus de contrastes). Laissez sécher le projet complètement.

16

16

17

- - - - - - - - - - - - - - - - - - - - - - - - - - - - - - - - - - - - - - - - - - - - - - - - - - - - - - - - - - - - - - - - - - - -

## Texture au verso du projet
*(facultatif)*

**18.** Pour donner l'illusion que le faux-vitrail est peint sur une vitre avec du relief, il est possible de texturer le **verso** de la vitre si vous le désirez. Le résultat est vraiment beau et donne une nouvelle dimension au projet. Pour y arriver, faites la texture Effet flocon **partout sur la surface** (sauf sur les pierres du bas). Vous pouvez également ne pas texturer certains éléments de la composition si vous voulez les garder unis (contourner les fleurs par exemple). Laissez sécher complètement.

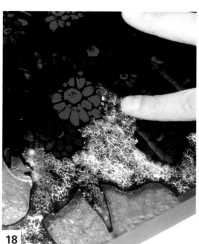
18

18

Effet flocon avec le gel acrylique brillant au verso de la vitre (les fleurs qui étaient contournées ont finalement été texturées par la suite).

Résultat.

## 3

# Orchidées sur acétate

Version 1

Version 2

## Matériel

**Patron :** Page 176
**Surface :** Verre
**Format :** 8 x 10 po
(20,3 x 25,4 cm)

**Liste des couleurs :**
Version 1 : Vert pomme, Turquoise, Vieux rose
Version 2 : Pourpre, Jaune, Citron, Turquoise, Greengold, Médium éclaircissant

**Autres produits :**
Cerne relief : noir,
Gel acrylique brillant

**Textures :**
Effet bossé, effet givré

**Autre matériel :**
Photocopie laser de l'image centrale sur acétate (noir et blanc), ciseaux, colle en aérosol non jaunissante

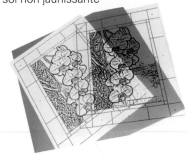

Les étapes de réalisation sont les mêmes pour les deux versions, sauf celle de l'application des couleurs. À cette étape, reportez-vous aux instructions liées à la version choisie.

### Préparation de la pièce

1. Nettoyez la vitre avec de l'alcool à friction et un papier absorbant.

### Positionnement du patron

2. Placez le patron sous la vitre et fixez-le solidement en haut et en bas avec du ruban adhésif.

### Collage de l'image

*La technique « Image sur acétate » est entièrement expliquée dans le chapitre 2.*

3. Découpez minutieusement le contour de l'image (acétate) avec des ciseaux. Fixez-la ensuite sur la vitre en plein centre avec la colle en aérosol. C'est important ici de bien centrer l'image, car elle ne doit pas dépasser les lignes qui l'entourent.

### Traçage des contours

4. Tracez toutes les lignes verticales et horizontales avec le cerne relief noir (sauf le contour extérieur et les détails de l'image). Assurez-vous que la ligne de cerne soit suffisamment épaisse pour cacher la jonction de l'acétate.

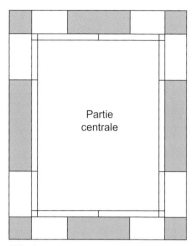

Partie centrale

Effet bossé.

Effet givré.

### Réalisation des textures

5. Créez les textures Effet bossé et Effet givré dans les sections correspondantes en gris (voir plus haut). Laissez sécher jusqu'à ce que le gel devienne complètement transparent. Passez à l'étape des couleurs.

### Application des couleurs

6. Remplissez certaines sections du projet avec les couleurs correspondantes (voir la légende). Utilisez des cure-dents pour les petites sections et un pinceau pour les plus grandes. Pour peindre les sections texturées, utilisez le pinceau car il faut étendre la peinture en couche mince. Pour la deuxième version, il y a une étape supplémentaire (couleurs dans les fleurs). Laissez ensuite sécher complètement 24h.

## Version 1

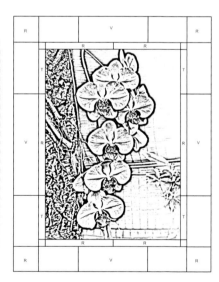

**Légende des couleurs**

**V** = Vert pomme
**R** = Vieux rose
**T** = Turquoise

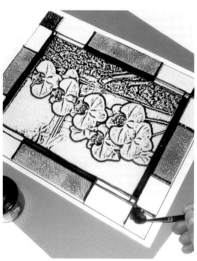

Vieux rose.

**Idée !**
Bien que ce projet soit très beau et sobre avec l'image en noir et blanc, on peut également ajouter de la couleur dans les fleurs, le fond ou sur certains détails de l'image.

## Version 2

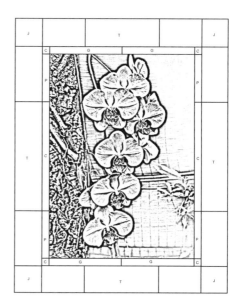

**Truc**
Réaliser l'Effet givré sur l'image permet de camoufler la colle en aérosol qui est sous l'acétate.

Application de la couleur Turquoise sur la texture.

## Fleurs

### Étape supplémentaire

*Jaune, Pourpre et médium éclaircissant*
*Technique à l'éponge*

Référez-vous à la Technique à l'éponge expliquée au chapitre 2 pour peindre les fleurs du projet. Une fois les fleurs complétées, laissez sécher complètement.

*Africa (zèbre)*

## Matériel

**Patron :** Page 177
**Surface :** Plexiglas
**Format :** 14 x 11 po
   (35,5 x 28 cm)

**Liste des couleurs :**
**Vitrail :** Brun, Noir,
   Médium éclaircissant
**Moon :** Or

**Autres produits :**
Cerne relief : noir,
   transparent (facultatif)
Gel acrylique brillant

**Texture :**
Effet givré

**Autre matériel :**
Photocopie laser
du zèbre sur
acétate (noir et
blanc), ciseaux
et colle en
aérosol non
jaunissante

Vue à plat.

### Préparation de la pièce

**1.** Retirez le papier protecteur sur le plexiglas (s'il y a lieu).

### Positionnement du patron

**2.** Placez le patron sous la surface et fixez-le solidement en haut et en bas avec du ruban adhésif.

### Collage de l'image

*La photo doit être transférée sur acétate au préalable (voir chapitre 2).*

**3.** Découpez minutieusement le contour de l'image sur acétate. Fixez-la sur la surface avec la colle en aérosol. Centrez bien l'image, car elle ne doit pas dépasser les lignes qui l'entourent.

### Traçage des contours

**4.** Tracez toutes les lignes verticales et horizontales avec le cerne relief noir (sauf le contour extérieur et les motifs dans la partie centrale).

Assurez-vous que l'épaisseur de votre ligne de cerne soit suffisamment grosse pour cacher la jonction de l'acétate.

### Réalisation de la texture

**5.** Créez la texture Effet givré sur toute l'image et dans les quatre coins (en gris sur le plan 1). Laissez sécher jusqu'à ce que le gel devienne complètement transparent. Passez à l'étape des couleurs.

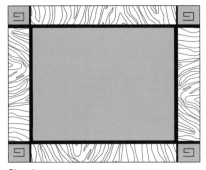

Plan 1.

4

4

**Truc**

Si la bordure de l'acétate est parfaitement découpée (très droite), on peut appuyer la pointe du cerne sur le rebord tout en appuyant sur le tube. Plus besoin alors de se concentrer pour tracer une ligne droite... elle se fait toute seule !

5

. . . . . . . . . . . . . . . . . . . . . . . . . . . . . . . . . . . . . . . . . . . . . . . . . .

**Application des couleurs**

### Cadre mince

**6.** Peignez l'intérieur du cadre mince au pinceau avec le Noir. Laissez sécher.

### Contour zébré

**7.** Le contour zébré se fait en deux étapes. Commencez par peindre toutes les sections en gris foncé (voir plan 2) avec la couleur Brun. Utilisez le pinceau pour étendre cette couleur, car on ne doit pas appliquer une couche trop épaisse pour bien voir le brun à la lumière. Après chaque remplissage de section, essuyez tout débordement rapidement (coton-tige). Laissez ensuite sécher 24h.

Plan 2 (contour zébré).

7

8

8

**8.** Une fois le brun bien sec, remplissez les sections gris pâle avec la couleur Or en utilisant cette fois-ci le gros cure-dent. Comme le brun est bien sec, vous pourrez facilement essuyer les débordements s'il y a lieu. Laisser sécher 24h et passez à l'étape de finition.

### Étape de finition

**9.** Appliquez au pinceau une couche de médium éclaircissant **partout** sur le **zèbre**. Débordez légèrement à l'extérieur du zèbre d'environ 0,2 po (5 mm) pour créer une belle bordure claire (soyez minutieux, car on verra bien cette bordure).

**10.** Découpez les motifs de la partie centrale du patron et fixez-les en position sous la surface (vous pourriez également replacer le patron en dessous). Tracez ces motifs avec le cerne relief transparent. Vous pourriez aussi tracer les motifs avec le gel acrylique brillant. Les motifs seront moins bombés et moins définis qu'avec le cerne.

9

10

11

12

**11.** Tracez le contour intérieur du cadre avec le gel acrylique brillant.

**12.** Remplissez grossièrement les sections zébrées sans couleur.

# Hibou chic!

**La technique de superposition des couleurs est très utilisée dans ce projet. Les couleurs peuvent ainsi se côtoyer sans barrière (cerne).**

## Matériel

**Patron :** Page 178
**Surface :** Plexiglas
**Format :** 27,5 x 21,5 po
(70 x 54,6 cm)

**Liste des couleurs :**
Bleu cobalt, Bleu profond,
Jaune, Orange, Noir, Rose,
Vert pomme, Émeraude,
Citron, Vieux rose, Brun

**Autres produits :**
Cerne relief : noir et transparent
Gel acrylique brillant
Résine de glaçage Gédéo

**Textures :**
Effet bossé, effet givré

**Autre matériel :**
Petite estampe motif au choix
(ex. : vrille), stylet, grande quantité
de cotons-tiges !, petit contenant

## Préparation de la pièce

**1.** Retirez la pellicule protectrice qui couvre le plexiglas s'il y a lieu.

## Positionnement du patron

**2.** Placez le patron sous la vitre et fixez-le solidement en haut et en bas avec du ruban adhésif.

## Traçage des contours

**3.** Tracez toutes les lignes du dessin avec le cerne relief (sauf le contour et les petites lignes dans les yeux [iris]).

## Réalisation des textures

Faites les textures suivantes (voir plans A et B dans les sections du projet). Laissez ensuite sécher jusqu'à ce que le gel devienne complètement transparent. Passez ensuite à l'étape des couleurs.

**4.** Réalisez l'Effet bossé dans toutes les sections en gris (plan A).

**5.** Réalisez l'Effet givré dans toutes les sections en gris (plan B). Attention : le **gris foncé** sur le plan indique qu'il y a une étape supplémentaire : Aussitôt la texture réalisée, essuyez le contour des sections avec un coton-tige propre afin de faire une belle bordure claire bien définie (pour les sections plus minces, essuyez simplement un ou deux côtés).

3

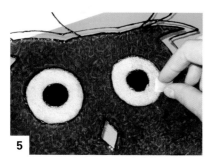

5

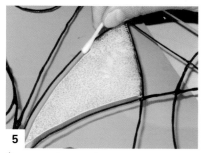

5

Étape supplémentaire.

Plan A – Effet bossé.

Plan B – Effet givré.

## Application des couleurs

L'application des couleurs se fait en plusieurs jours, car parfois il faut laisser sécher complètement certaines sections (étape 1) avant de peindre à nouveau par-dessus (étape 2). Pour faciliter l'application des couleurs et ne rien oublier, il est conseillé de faire toutes les étapes 1 le même jour par exemple, de laisser sécher complètement et ensuite de passer aux étapes suivantes. Voici comment procéder pour chacun des items :

## 2 ailes du hibou

### • Étape 1

6. Étendez uniformément au pinceau une couche de Bleu cobalt dans les deux ailes. La couche ne doit pas être épaisse, donc ne remplissez pas les sections avec un bâtonnet. Laissez sécher 24h.

### • Étape 2

7-8-9. Appliquez au pinceau une couche uniforme de Bleu profond sur chaque aile. Essuyez aussitôt le contour des sections avec un coton-tige propre.

Laissez se figer la peinture quelques minutes et tracez des petites vrilles dans tous les sens avec le stylet. Pour que les vrilles soient définies, essuyez le surplus de peinture sur le stylet chaque fois que vous en tracez une. Si les vrilles disparaissent et se remplissent de peinture, c'est que cette dernière n'est pas encore assez figée. Attendez quelques minutes et tracez-les à nouveau. Laissez sécher.

7

8

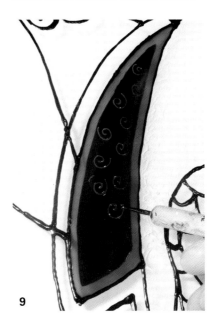

9

## Corps du hibou

### • Étape 1

10. Faites un dégradé de bas en haut avec le Jaune et le Orange. Commencez par étendre au pinceau le Jaune dans le bas du corps en montant graduellement vers le haut

jusqu'à environ la hauteur du bec. Essuyez rapidement le pinceau sur un papier absorbant et peignez le reste de la section avec le Orange (tapotez doucement les deux couleurs ensemble à leur jonction). Laissez sécher complètement avant de passer à l'étape 2.

### • Étape 2

11. Appliquez au pinceau une couche de Rose sur tout le corps et essuyez aussitôt le contour de la section et des yeux (pas le nez) avec un coton-tige propre. Laissez sécher.

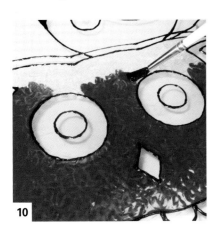

10

11

## Ventre du hibou

**12.** Remplissez simplement toutes les sections du ventre du hibou avec les couleurs correspondantes (voir légende). Utilisez le pinceau pour les couleurs foncées (il ne faut pas en mettre trop épais, sinon cela donnera « noir » à la lumière) et un cure-dent pour les couleurs plus pâles.

### Légende des couleurs (ventre)

**B** = Bleu cobalt
**R** = Rose
**V** = Vieux rose
**P** = Vert pomme
**E** = Émeraude
**C** = Citron
**X** = Bleu profond

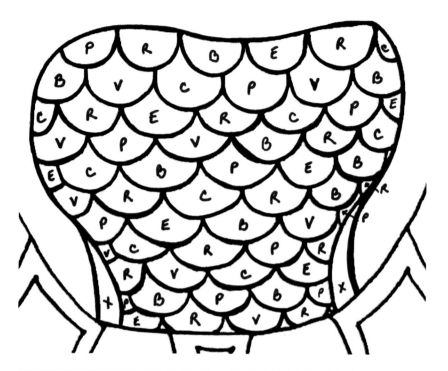

## Autres sections du hibou

**Pupilles des yeux :** Noir
**Bec :** Jaune (couche mince)
**Pattes :** Brun (couche mince)
**Iris (yeux) :**

**13.** Replacez le patron sous le projet et tracez les petites lignes dans les yeux avec le cerne relief transparent (par-dessus la texture).

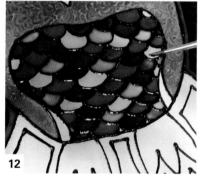

12

13

Les lignes que vous tracez doivent être de même épaisseur.

## Sections diverses

Les sections en couleurs sur le plan C se font différemment en une, deux ou trois étapes selon le type de sections (voir page suivante). Il est conseillé de faire toutes les sections **« étape 1 »** le même jour afin de gagner du temps puisqu'**il faut laisser sécher 24h avant de faire les autres étapes par-dessus** (s'il y a lieu). Les étapes 2 et 3, elles, se font l'une après l'autre. Aussi, c'est normal d'utiliser beaucoup de cotons-tiges à l'étape 2 car ils se gorgeront rapidement de peinture ! Reportez-vous à la légende pour connaître les couleurs à utiliser. Une fois que vous aurez terminé, laissez sécher et passez à l'étape de finition.

Plan C.

*Faites une section à la fois.*

## • Étape 1

14. Étendez au pinceau une couche assez mince de peinture le plus uniformément possible (voir légende des couleurs) dans les sections. Laissez sécher 24h.

## • Étape 2

15. Appliquez au pinceau une couche uniforme de la deuxième couleur (voir légende) sur ces mêmes sections et essuyez le contour avec un coton-tige propre. Si la peinture résiste et ne s'enlève pas bien, trempez le coton-tige dans le solvant (frottez délicatement). Ne laissez pas sécher et passez à l'étape 3 (s'il y a lieu).

## • Étape 3

16. Laissez un peu la peinture se figer quelques minutes et tracez un motif dans le fond humide avec l'outil approprié (voir légende). Pour que le motif soit bien défini, essuyez le surplus de peinture sur l'outil chaque fois que vous en tracez un. Si le motif disparaît et se remplit de peinture, c'est que cette dernière n'est pas encore assez figée. Attendez

quelques minutes et tracez-les à nouveau. Si la peinture a un peu trop séché, repassez avec le pinceau sur la peinture pour l'humecter. Laissez ensuite sécher.

### Légende des couleurs (sections diverses – plan C)

| | |
|---|---|
| **Vert foncé** | **Étape 1 :** Vert pomme. Laissez sécher. |
| | **Étape 2 :** Émeraude (étendez la peinture grossièrement et tapotez ensuite la surface avec le pinceau pour créer un fond inégal). |
| **Vert pâle** | **Étape 1 :** Vert pomme. Laissez sécher. |
| | **Étape 2 :** Émeraude + **Étape 3 :** Tracez des petites vrilles avec le stylet un peu partout dans la section. |
| **Bleu foncé** | **Étape 1 :** Bleu cobalt. Laissez sécher. |
| | **Étape 2 :** Bleu profond + **Étape 3 :** Estampe au choix. |
| **Brun** | **Étape 1 :** Jaune. Laissez sécher. |
| | **Étape 2 :** Brun (étendez la peinture grossièrement et tapotez ensuite la surface avec le pinceau pour créer un fond inégal). |
| **Rose foncé** | **Étape 1 :** Vieux rose (la texture doit être bien sèche avant de peindre dessus). |
| **Orange** | **Étape 1 :** Orange (la texture doit être bien sèche avant de peindre dessus). |
| **Bleu pâle** | **Étape 1 :** Bleu cobalt |
| **Jaune** | **Étape 1 :** Citron |
| **Rose pâle** | **Étape 1 :** Rose |

### Truc de peinture

Nettoyez l'estampe avec un peu de solvant (juste le motif) tout de suite après l'avoir utilisée.

## Exemple des étapes (sections bleu foncé et vert pâle)

**14**

Application du Bleu cobalt dans la section (étape 1).

**15**

La couche de fond (étape 1) doit être bien sèche avant de passer à l'étape 2.

**15**

Essuyer le contour de la section permet de faire apparaître la couleur de la couche inférieure.

**16**

Imprimer un motif dans la peinture légèrement figée ajoute de la fantaisie.

La peinture s'enlève facilement si elle est fraîchement appliquée.

Comme la section du bas est très grande (vert pâle), étendez la peinture (étape 2) une partie à la fois pour pouvoir essuyer les contours facilement.

### Étape de finition

*Toutes les sections du projet doivent être sèches avant de passer à cette étape.*

**17.** Faites un mélange de résine époxy (résine de glaçage) dans un petit contenant. Vous disposez d'un certain temps (20-25 minutes environ) pour utiliser le mélange avant qu'il ne se fige. Vous devrez donc peut-être avoir à en refaire un autre si ça vous prend du temps pour réaliser les petits points suivants :

## Toutes les sections texturées avec l'effet givré
**(voir plan B au besoin)**

**18.** Trempez le stylet dans le mélange et faites des petits points dans toutes les parties claires essuyées avec le coton-tige. Pour les sections autour du hibou, faites les points par-dessus la texture.

## Ventre du hibou

**19.** Faites également des petits points dans le bas de toutes les sections du ventre en suivant leur courbe. Laissez sécher complètement.

### Note
Lorsqu'on juxtapose des couches de peinture les unes sur les autres, il est possible que la peinture « craque » en certains endroits en raison de l'humidité, de la consistance des produits et de l'épaisseur de la couche de peinture appliquée.

Vue de près des textures et couleurs.

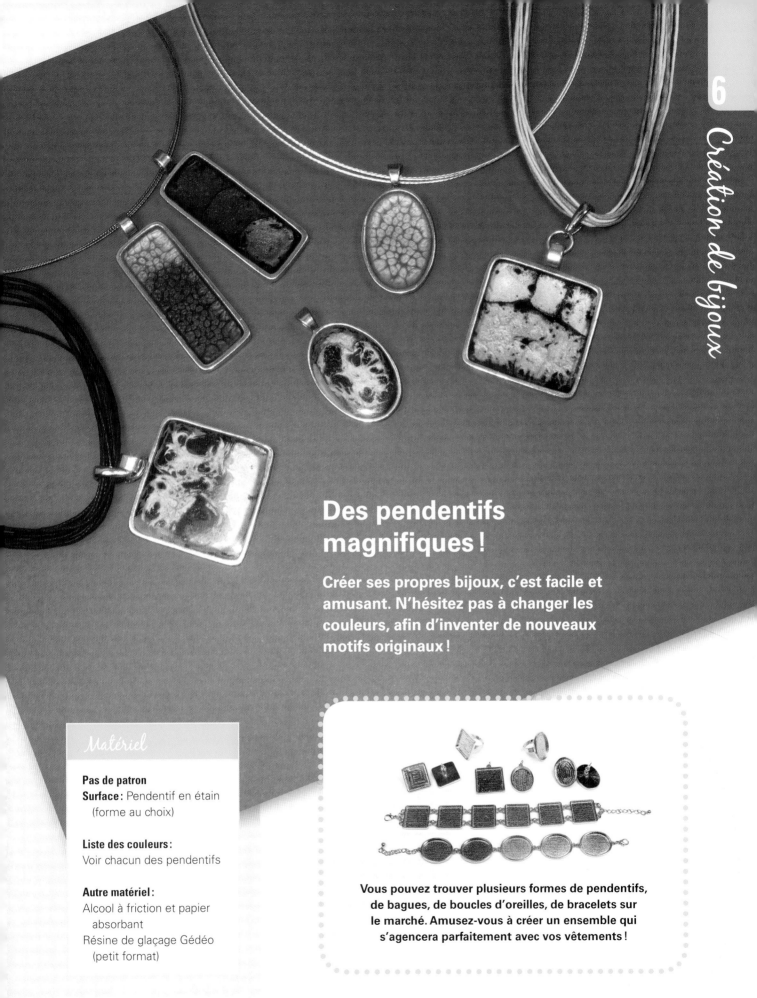

# Des pendentifs magnifiques !

**Créer ses propres bijoux, c'est facile et amusant. N'hésitez pas à changer les couleurs, afin d'inventer de nouveaux motifs originaux !**

**Pas de patron**
**Surface :** Pendentif en étain
(forme au choix)

**Liste des couleurs :**
Voir chacun des pendentifs

**Autre matériel :**
Alcool à friction et papier
absorbant
Résine de glaçage Gédéo
(petit format)

**Vous pouvez trouver plusieurs formes de pendentifs, de bagues, de boucles d'oreilles, de bracelets sur le marché. Amusez-vous à créer un ensemble qui s'agencera parfaitement avec vos vêtements !**

## Introduction

**Les bijoux se réalisent en 2 temps : on crée d'abord le motif dans le pendentif, puis on applique la résine de glaçage (étape de finition). Il est important d'attendre 1 semaine environ avant de passer à cette deuxième étape, afin que la peinture soit séchée à cœur.**

La création de chaque pendentif est expliquée étape par étape afin de vous démontrer comment procéder pour obtenir certains effets. Vous apprendrez ainsi à utiliser des produits aux propriétés particulières et à créer des effets spectaculaires. Vous verrez également qu'il y a beaucoup de place à la créativité. Vos bijoux seront uniques et originaux. Comme il n'y a pas deux résultats identiques même si on applique la même recette, il est intéressant d'observer que l'humidité dans la pièce, la quantité de peinture appliquée et la consistance des produits peuvent changer le résultat. Je vous invite donc à vous inspirer de ces recettes pour créer vos propres bijoux.

## Préparation
### (pour tous les pendentifs)

Nettoyez chaque pièce avec un papier absorbant et de l'alcool à friction.

Avant de commencer à peindre, mélangez délicatement la peinture dans chaque pot avec un bâtonnet afin d'obtenir une couleur uniforme. Pour les produits Moon et Prisme, vous devrez le faire aussi souvent que nécessaire car les composantes ont tendance à se séparer rapidement dans le pot.

Comme la peinture est très liquide et prend plusieurs heures à sécher, travaillez sur une surface bien de niveau. Les pendentifs doivent être très stables pendant l'application des couleurs. Si la partie supérieure du pendentif (là où on attache la chaîne) est plus élevée quand on le met à plat, placez un cure-dent sous l'extrémité du bas afin de le maintenir de niveau.

Veillez enfin à couvrir les bijoux avec un carton ou un objet plat afin d'empêcher la poussière de tomber dessus pendant le séchage.

**Important :** Nettoyez tout débordement de peinture sur le pendentif pendant que la peinture est encore humide.

> **Truc**
>
> Il faut attendre plusieurs minutes avant de pouvoir admirer l'effet final de la peinture, car les dégradés n'apparaissent qu'au moment du séchage. Si vous n'aimez pas le résultat, il est possible de retirer la peinture pendant qu'elle est encore humide, soit au moment où le motif ne change plus et qu'il perd un peu de son lustré. Retirez alors la peinture avec un bâton et nettoyez le pendentif avec un peu de solvant. Une fois le bijou bien nettoyé et sec, vous pourrez recommencer.

## Pendentif no 1

**Couleurs utilisées :**
Prisme : Bouton d'or, Mandarine

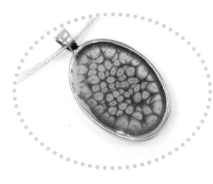

**1**

**2**

**3**

**1.** Trempez le pinceau ou un cure-dent dans la couleur Bouton d'or et remplissez la partie supérieure du pendentif (⅓). La couche de peinture doit être épaisse pour obtenir les effets particuliers du produit Prisme.

**2.** Aussitôt que vous avez rempli la partie du haut, remplissez sans attendre les ⅔ restants avec la couleur Mandarine. Attention que le Mandarine n'envahisse pas la partie du haut, afin de pouvoir obtenir le dégradé. Les couleurs ne doivent que se toucher.

**3.** Laissez sécher. Le dégradé apparaîtra pendant le séchage.

## Pendentif no 2

**Couleurs utilisées :**
Vitrail : Bleu cobalt
Moon : Perle, Turquoise

**1**

**2**

**3**

**4**

**1.** Trempez le pinceau ou un cure-dent dans la couleur Bleu cobalt et remplissez généreusement tout le fond du pendentif. Le fond doit ressembler à un lac, donc soyez généreux mais sans déborder.

**2.** Rapidement, trempez un cure-dent dans la couleur Turquoise et laissez tomber une grosse goutte

que vous étirerez tout le long de la partie inférieure (ne dépassez pas la moitié).

**3.** Trempez ensuite un autre cure-dent dans la couleur Perle et laissez

tomber trois gouttes, une à côté de l'autre, dans la partie supérieure. Ces gouttes ne doivent pas se toucher et ne pas toucher le bas.

**4.** Laissez sécher complètement.

## Pendentif no 3

**Couleurs utilisées :**
Prisme : Fleur de cerisier,
  Mandarine, Bleu nuit

**1**

**2**

**3**

**1.** Trempez un cure-dent dans la couleur Mandarine et remplissez la partie supérieure du pendentif (⅓). La couche de peinture doit être épaisse pour obtenir les effets particuliers du produit Prisme.

**2.** Remplissez sans attendre la partie du centre (deuxième tiers) avec Fleur de cerisier. La couleur ne doit pas envahir la partie du haut. Les couleurs ne doivent que se toucher.

**3.** Remplissez ensuite le troisième tiers avec la couleur Bleu nuit. Laissez sécher complètement.

## Pendentif no 4

**Couleurs utilisées :**
Vitrail : Brun
Moon : Vermeil, Carmin

**1**

**2**

1. Trempez le pinceau ou un cure-dent dans le Brun et remplissez généreusement tout le fond du pendentif. Le fond doit ressembler à un lac, donc soyez généreux mais sans déborder.

2. Ensuite, trempez un coton-tige dans le Carmin et laissez tomber deux gouttes, l'une sous l'autre (sans se toucher) dans les deux tiers supérieurs du pendentif.

3. Trempez ensuite un autre coton-tige dans le Vermeil et laissez tomber une goutte dans le tiers inférieur. Ces gouttes ne doivent pas se toucher. Laissez sécher complètement.

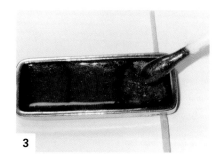

**3**

## Pendentif no 5

**Couleurs utilisées :**
Vitrail : Vert pomme
Moon : Perle, Émeraude

**1**

**2**

**2**

**3**

1. Trempez le pinceau ou un cure-dent dans le Vert pomme et remplissez généreusement tout le fond du pendentif. Le fond doit ressembler à un lac, donc soyez généreux.

2. Dès que le fond est rempli, trempez un cure-dent dans la couleur Émeraude et laissez tomber une longue et grosse goutte (ou deux gouttes collées) le long de la partie supérieure du pendentif.

3. Rapidement, trempez un autre cure-dent dans la couleur Perle et laissez tomber une longue goutte dans la partie inférieure. Vous verrez réagir rapidement les couleurs avec le fond.

4. Laissez sécher complètement.

**4**

# Pendentif no 6

**Couleurs utilisées :**
Vitrail : Rose
Moon : Abricot, Émeraude

**1**

**2**

**3**

**4**

**1.** Trempez le pinceau ou un cure-dent dans le Rose et remplissez généreusement tout le fond du pendentif. Le fond doit ressembler à un lac, donc soyez généreux.

**2.** Dès que le fond est rempli, trempez un coton-tige dans la couleur Abricot et laissez tomber une goutte au centre de la partie supérieure du pendentif.

**3.** Rapidement, trempez un autre coton-tige dans la couleur Émeraude et laissez tomber une goutte de peinture au centre de la partie inférieure. Les couleurs réagiront avec le fond.

**4.** Laissez sécher complètement.

## Étape de finition

### Application de la résine de glaçage

*La peinture dans le pendentif doit être complètement sèche « à cœur » avant de passer à cette étape.*

L'étape de finition consiste à couvrir le motif du bijou avec de la résine de glaçage afin de lui donner un aspect vitré magnifique. La technique est expliquée en détail dans le chapitre 2. À titre indicatif, 10 ml de mélange (en tout) suffisent pour tous ces bijoux.

Une fois le mélange fait, versez-le sur chaque pendentif en veillant à ne pas déborder sur le cadre extérieur.

Vous pouvez utiliser un cure-dent pour aider la résine à se rendre sur les rebords si nécessaire. Si des bulles apparaissent, crevez-les avec une aiguille pendant que la résine est liquide.

Laissez la résine sécher et durcir complètement pendant 24h-48h. Vous pourrez ensuite insérer votre création dans une chaînette ou le collier de votre choix !

Bijoux secs avant l'étape de la résine de glaçage.

Résine de glaçage fraîchement appliquée.

# Œuvre d'art sur verre

**Pas de patron**
  Juste votre imagination !
**Surface :** Verre
**Format :** 11 x 14 po
  ( 28 x 35,5 cm )

**Liste des couleurs :**
Turquoise, Cramoisi,
Citron, Vert pomme, Violet

**Autres produits :**
Résine de glaçage Gédéo

**Autre matériel :**
Spatule
Petite fourchette
  de plastique
5 pipettes

Vous aimez les défis ? Faire un projet de ce genre demande de la créativité et une bonne dose de lâcher-prise. Comme il n'y a aucune règle à suivre quand vous commencez à appliquer les couleurs, vous devez vous fier uniquement à votre instinct et à vos yeux pour composer un chef-d'œuvre unique !

## Préparation de la pièce

1. Nettoyez la vitre avec de l'alcool à friction et un papier absorbant. Déposez la vitre sur des petits verres pour bien voir les couleurs qui seront appliquées. La surface doit être de niveau car la moindre pente fera basculer la résine et la peinture.

## Préparation de la résine époxy

2. Préparez un mélange de résine de glaçage. Pour couvrir la vitre 11 x 14 po (28 x 35,5 cm), vous avez besoin de 60 ml de résine A et de 30 ml de durcisseur B.

3. Une fois le mélange fait, ouvrez les pots de peinture et placez-les près de votre vitre. Placez une pipette dans chaque pot. Vous êtes maintenant prêt.

## Réalisation de l'œuvre

*Vous avez environ une trentaine de minutes avant que la résine se fige trop pour apporter d'autres changements à votre œuvre.*

4. Versez la résine de glaçage sur la surface.

5. Distribuez-la également avec un bâtonnet sur toute la vitre, même jusque sur les bords. Passez ensuite à l'étape suivante.

6. Ajoutez des couleurs sur la surface à l'aide des pipettes. Disposez-les un peu partout comme dans l'exemple ci-contre. Laissez-vous aller ! Il n'y a pas de mauvais mélange ! Commencez par le Citron, ensuite le Vert pomme, le Cramoisi, le Turquoise et terminez par le Violet. Déjà, vous verrez les couleurs se mélanger. Avouons que c'est vraiment génial à observer !

2

3

**Idée !**
Toutes les couleurs peuvent être utilisées pour un projet de ce genre. N'hésitez pas à changer celles qui sont proposées !

4

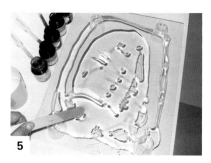

5

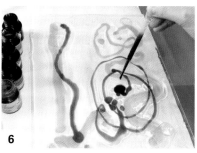

6

Vert pomme.

6

Cramoisi.

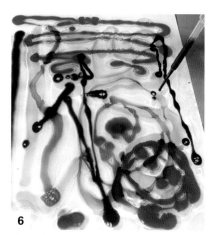

6

Turquoise.

Fin de l'application des couleurs.

7. Vous devez maintenant créer votre œuvre en mélangeant les couleurs ensemble. Il n'y a pas d'ordre ou de règles à suivre. Le but est d'obtenir un résultat harmonieux et satisfaisant.

Pour mélanger les couleurs, vous pouvez utiliser toutes sortes d'instruments comme par exemple un bâtonnet, une fourchette de plastique, un couteau à peindre, une spatule, des pinceaux à texturer, etc. Usez d'imagination et amusez-vous ! Vous serez enchanté de voir les couleurs se transformer devant vous !

Voici quelques exemples d'effets que vous pouvez réaliser :

### Fourchette de plastique
8. La fourchette de plastique permet de créer de jolis effets. Utilisez-la pour faire de magnifiques vagues.

### Spatule
9. Mélangez doucement les couleurs avec la spatule à plat et créez ainsi des nouveaux tons ici et là. Vous pouvez également tapoter la surface, ce qui donnera un résultat différent.

### Ajouter d'autres couleurs
10. On peut ajouter d'autres couleurs sur les effets obtenus. Cela crée de nouveaux tons de transparence très jolis.

11. Une fois que vous avez terminé, laissez sécher l'œuvre pendant plusieurs jours. Vous verrez que le motif changera encore pendant la première heure de séchage mais il ne faut plus y toucher ! La résine se figera graduellement et toute retouche pendant cette période peut endommager le dessin créé. Note : il arrive parfois que le dessin que nous avons créé et qui semblait évident quand la peinture était fraîche disparaisse complètement pendant le séchage… ou à l'inverse qu'il se crée un dessin que nous n'avons pas fait !

**8**

**Truc de peinture**
Retirez le surplus de peinture sur les instruments au fur et à mesure qu'ils se remplissent pour ne pas vous retrouver avec un seul ton : le brun !

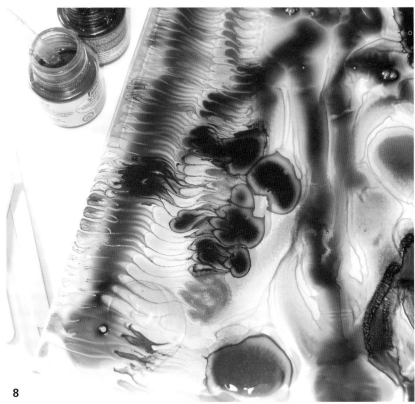

**8**

Résultat.

**9**

**9**

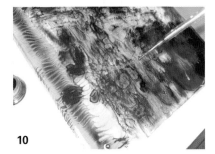

**10**

**10**

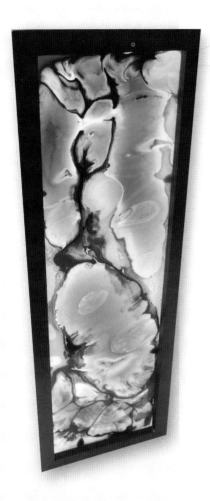

*Prenez note qu'il est impossible de faire deux œuvres identiques. Chaque création est unique et le résultat varie selon plusieurs critères : quantité de peinture et de résine de glaçage appliquée, humidité, rapidité d'exécution, etc.*

## Matériel

**Pas de patron**
Juste votre
imagination !
**Surface :** Verre
**Format :** 17 x 5 po
(43,2 x 12,7 cm)

**Liste des couleurs :**
Turquoise, Cramoisi,
Citron, Vert pomme

**Autres produits :**
Résine de glaçage
Gédéo

**Autre matériel :**
4 pipettes

## Préparation de la pièce

**1.** Nettoyez la vitre avec de l'alcool à friction et un papier absorbant. Déposez la vitre sur des petits verres pour bien voir les couleurs qui seront appliquées par la suite. Assurez-vous que la surface est de niveau, car la moindre pente fera basculer la résine et la peinture.

## Préparation de la résine époxy

**2.** Préparez le mélange de résine de glaçage. Vous avez besoin de 60 ml de résine A et de 30 ml de durcisseur B.

**3.** Une fois le mélange fait, ouvrez les pots de peinture et placez-les près du projet. Déposez une pipette dans chaque pot. Vous êtes maintenant prêt.

## Réalisation de l'œuvre

**4.** Versez la résine de glaçage sur la surface.

**5.** Distribuez-la également avec un bâtonnet sur toute la vitre, même jusque sur les bords. Passez ensuite à l'étape suivante.

**6.** Déposez des couleurs sur la surface à l'aide des pipettes. Disposez-les un peu partout comme dans l'exemple ci-contre. Les pipettes doivent être bien remplies si vous voulez faire des longues lignes de couleur. Commencez par le Citron, ensuite le Turquoise, le Cramoisi et terminez par le Vert pomme.

**2**

**3**

**Idée !**

Toutes les couleurs peuvent être utilisées pour ce projet. N'hésitez pas à changer celles qui sont proposées !

**4**

**5**

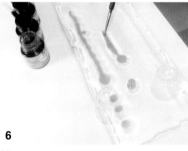

**6**

Citron.

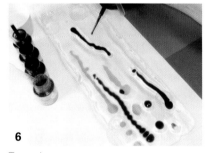

**6**

Turquoise.

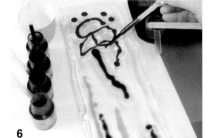

**6**

Cramoisi.

**6**

Vert pomme.

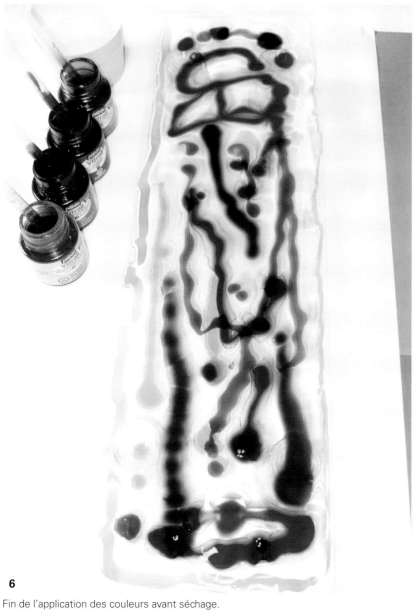

**6**

Fin de l'application des couleurs avant séchage.

7. Une fois que vous avez terminé, laissez sécher le projet pendant plusieurs jours. Vous verrez que le motif changera énormément pendant les premières heures de séchage, mais il ne faut plus y toucher ! La résine se figera graduellement et toute retouche peut endommager le dessin créé.

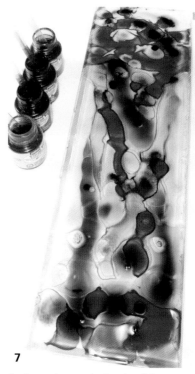

**7**

Après quelques minutes de séchage, on peut voir les couleurs prendre de l'expansion et se fondre les unes dans les autres. L'œuvre continuera ainsi d'évoluer pendant les prochaines heures jusqu'à ce que la peinture se fige complètement.

**Truc de peinture**

Les couleurs vitrail appliquées sur la résine de glaçage donnent un résultat fabuleux. Tentez l'expérience et vous serez ébahi devant la magie qui s'opère sous vos yeux !

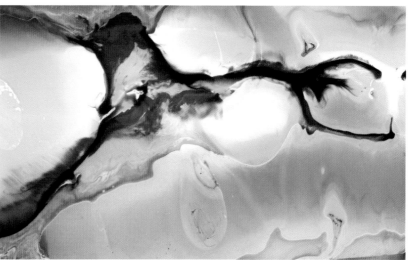

Vue à la lumière.

# Cadre passe-partout

Pour ce projet, c'est à vous de choisir la photo qui sera insérée dans le joli petit cadre (souvenir de vacances, animal de compagnie, moment inédit, etc.)

## Matériel

**Patron :** Page 179
**Surface :** Petit cadre en plexiglas
**Format :** 7 x 5 po (17,8 x 12,7 cm)

**Liste des couleurs :**
Jaune, Bleu ciel, Citron, Vert pomme, Rouge, Médium pailleté

**Autres produits :**
Cerne relief : transparent

**Autre matériel :**
Photocopie laser de votre photo sur acétate (noir et blanc)

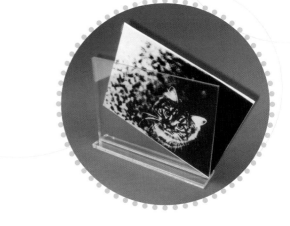

### Préparation de la pièce

1. Nettoyez la surface avec de l'alcool à friction et un papier absorbant.

### Positionnement du patron

2. Insérez le patron dans le cadre. S'il ne reste pas en place, fixez-le avec du ruban adhésif au besoin.

### Traçage des contours

3. Tracez toutes les lignes du dessin avec le cerne relief (sauf le contour). Ces lignes doivent être assez grosses pour être visibles quand les sections seront peintes.

### Application des couleurs

*Le cadre doit être parfaitement de niveau.*

4. Remplissez toutes les sections avec les couleurs correspondantes (voir la légende). Utilisez des cure-dents pour remplir les sections. Ne touchez pas le cerne relief pendant le remplissage. Si vous débordez, essuyez rapidement la peinture avant qu'elle sèche. Laissez ensuite sécher complètement 24h.

3

4

Le cadre doit être parfaitement de niveau.

4

4

Sections «V».

### Légende des couleurs

(Voir le patron)

**B** = Bleu ciel
**J** = Jaune
**V** = Voir*
**C** = Citron
**R** = Rouge

**\* Pour les sections V :** Vous devez d'abord remplir les sections avec la couleur Vert pomme et ensuite laisser tomber des petites gouttes de médium pailleté sur ces sections.

### Étape de finition

5. Transférez l'image du projet (ou celle que vous avez choisie) sur une feuille acétate et insérez-la dans le cadre. Placez enfin le cadre devant une source de lumière pour faire ressortir les couleurs du cadre.

4

## Matériel

**Patron :** Page 180
**Surface :** Toile
**Format :** 16 x 16 po
   (40,6 x 40,6 cm)

**Liste des couleurs :**
Brun, Jaune soleil, Super
blanc, Noir, Violet, Rouge,
Bleu océan, Vert clair, Bleu
Jeans, Clémentine

**Autres produits :**
Cerne relief : noir et
   transparent pailleté

Gel acrylique brillant
Peinture acrylique brun
   (DA063 Terre de Sienne)
Vernis acrylique brillant

**Textures :**
Effet vieux cuir
Effet cuir linéaire

**Autre matériel :**
Spatule
Papier graphite et stylet
Pinceau plat pour acrylique
Éponge à récurer

Ce projet est réalisé sur une toile
d'artiste mais peut être aussi réalisé
sur la surface de votre choix !

## Transfert du patron sur la surface et vernis

**1.** Placez le patron en position sur la toile et fixez-le au haut avec du ruban adhésif. Insérez un papier graphite noir sous le patron (côté foncé vers le bas) et transférez le dessin sur la surface à l'aide du stylet. Ne pesez pas trop fort sur le stylet lorsque vous tracerez les lignes dans les yeux (iris), car elles ne doivent pas être trop apparentes. Appliquez ensuite au pinceau plat une couche mince de vernis acrylique sur toute la toile pour l'empêcher d'absorber la peinture qui sera appliquée par la suite. Laissez sécher.

### Truc de peinture

Pourquoi appliquer du vernis plutôt que du gesso pour ce projet ? La couche mince de vernis permet de conserver la texture de la toile pour qu'elle soit visible sous les couleurs, contrairement au gesso qui, lui, bouche les pores et la rend lisse.

## Réalisation des textures

**2-3.** Créez les textures Effet vieux cuir et Effet cuir linéaire dans les sections correspondantes en gris (voir plans). Les textures doivent se prolonger sur les rebords de la toile également. Laissez ensuite sécher jusqu'à ce que le gel devienne complètement sec et transparent.

## Traçage des contours

**4.** Une fois que les textures sont bien sèches, tracez toutes les lignes du dessin avec le cerne relief noir (sauf les petites lignes dans les yeux [iris] et les deux cercles en gris sur le patron). Laissez sécher.

Plan – Effet vieux cuir.

Plan – Effet cuir linéaire.

**2**

Ex. : Effet vieux cuir.

**3**

Ex. : Effet cuir linéaire.

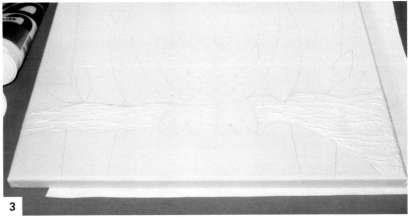

**3**

Effet cuir linéaire terminé.

**4**

**4**

Traçage des lignes terminé.

## Application des couleurs

Peignez chaque section du projet en suivant les instructions suivantes. Une fois les sections complétées, laissez sécher complètement 24h avant de passer à l'étape de finition.

## Corps du hibou

Le corps du hibou se réalise en trois étapes (ne laissez pas sécher entre les étapes).

**5.** Appliquez au pinceau une couche uniforme de Violet dans la section en vous arrêtant à la limite des cercles (gris sur le patron) qui n'ont pas de cerne.

**6.** Essuyez le contour de la section avec un coton-tige propre. Le but est de pâlir le contour inégalement, donc variez la pression et utilisez autant de cotons-tiges que nécessaire pour retirer la peinture.

**7.** Dessinez des petites vrilles dans tous les sens sur la partie foncée avec le bout du manche du pinceau.

## Ventre du hibou

**8.** Remplissez toutes les sections avec les couleurs correspondantes (voir la légende). Utilisez des gros cure-dents pour distribuer la couleur également.

7

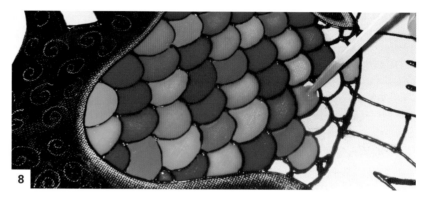

8

### Légende des couleurs

(Voir le patron)

**O** = Bleu océan
**C** = Clémentine
**V** = Vert clair
**R** = Rouge
**B** = Bleu jeans

## Ailes et bec

**9.** Appliquez au pinceau une couche uniforme de Jaune soleil dans les ailes et le bec. Laissez sécher.

**10.** Trempez ensuite le bout du manche du pinceau dans le Super blanc et faites des points un peu partout dans les ailes. Chaque point deviendra le bouton d'une fleur, donc espacez-les bien. Laissez sécher.

9

10

## Feuillage

**11.** Remplissez simplement les cinq sections du feuillage (F sur le patron) avec la couleur Vert clair (pinceau ou gros cure-dent au choix).

## Centre de l'œil (pupilles) et pattes
**(N sur le patron)**

**12.** Peignez au pinceau les pupilles du hibou avec la couleur Noir. Peignez également les pattes en noir et essuyez le contour (bas des pattes) des deux sections avec un coton-tige propre.

## Intérieur de l'œil
**(A sur le patron)**

**13.** Étendez au pinceau une couche mince de Super blanc dans ces deux sections. Il faut couvrir légèrement les lignes de graphite pour les atténuer, sans totalement les faire disparaître. Ces lignes serviront de guides quand vous les tracerez au moment de la finition. Essuyez rapidement tout débordement de blanc sur le cerne.

## Contour de l'œil
**(X sur le patron)**

**14.** Le fond violet du hibou doit être sec avant de procéder à cette étape. Remplissez ces deux sections généreusement au pinceau. Il faut mettre très épais de peinture pour que la couleur cache complètement le fond. Débordez légèrement sur le violet et faites de beaux cercles uniformes. Comme le cerne relief ne sépare pas ces deux sections, prenez votre temps et veillez à ce que les deux cercles soient de la même taille et uniformes.

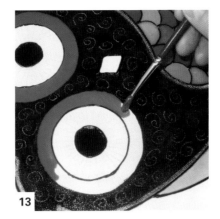

13

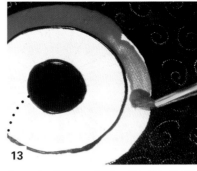

13

Exemple d'une application insuffisante de peinture. On ne doit pas voir le fond au travers de la peinture.

## Branche

Les sections de la branche se réalisent en trois étapes et il s'agit d'une technique mixte.

**15.** À l'aide d'un pinceau plat pour acrylique, appliquez une couche uniforme de peinture acrylique Terre de Sienne dans les sections. Attention de ne pas déborder sur le cerne relief pendant l'exécution. Laissez sécher.

**16.** Frottez ensuite la surface peinte avec une éponge à récurer pour faire apparaître la texture. Si la peinture résiste et qu'elle ne s'enlève pas, mouillez légèrement la surface avec un pinceau et frottez à nouveau.

**17.** Appliquez ensuite au pinceau une couche mince et uniforme de Brun Vitrail sur ces sections. Aussitôt que la peinture est appliquée, essuyez rapidement le contour de la section pour l'éclaircir et faire apparaître la couleur du dessous (coton-tige). Laissez sécher.

15

16

17

17

## Fond texturé

Toutes les sections du fond se font de la même façon (voir la légende).

**18.** Étendez uniformément au pinceau la peinture Vitrail directement sur la texture. Procédez le plus rapidement possible pour ne pas que l'on voie les coups de pinceau. Ne laissez pas sécher et passez à l'étape suivante.

**19.** Essuyez le contour de la section pour l'éclaircir (coton-tige propre).

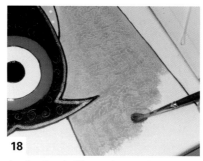

**18**

**19**

Application du Bleu océan au pinceau.

Essuyez le contour de la section.

**Légende des couleurs
(fond texturé)**

(Voir le patron)

**O** = Bleu océan
**C** = Clémentine
**R** = Rouge

Vue de près de la texture peinte.

### Étape de finition

Ajoutez les éléments ci-dessous. Une fois le projet terminé, laissez-le sécher complètement 24h. Vous pourrez ensuite l'exposer.

## Lignes dans les yeux
**(A sur le patron)**

**20.** Tracez toutes les petites lignes dans les yeux avec le cerne relief transparent pailleté. Tracez ensuite une courbe dans toutes les sections rouges du ventre du hibou pour leur donner une touche de brillance. Laissez sécher.

## Points autour des yeux et feuillage

**21.** Trempez le bout du manche du pinceau dans la couleur Orange et faites des gros points espacés tout le tour des yeux (sur la jonction des deux couleurs). Pour faire les points dans le feuillage, trempez le bout du manche du pinceau dans le Noir et faites trois points dans chacune des feuilles (sauf une).

**20**

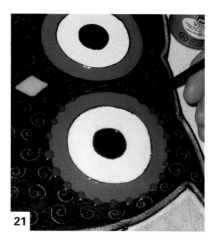

**21**

## Ailes

**22.** Trempez le stylet dans le Rouge et faites 6 points autour de chaque cercle blanc des ailes pour créer des petites fleurs.

### Truc de peinture
Comme la couche de fond est sèche, on peut facilement essuyer un point raté et le recommencer tant que la peinture est fraîche.

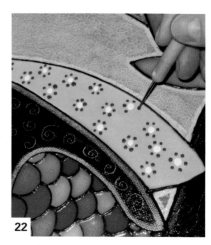

**22**

**Patron :** Page 181
**Surface :** Panneau de bois
   à couler
**Format :** 8 x 10 po
   (20,3 x 25,4 cm)

**Liste des couleurs :**
Vitrail : Brun

**Moon :** Vermeil, Ébène
**Prisme :** Onyx, Pierre
   de lune

**Autre matériel :**
Bâtonnets de style
   « popsicle »

**Créer une toile abstraite demande un lâcher-prise complet pour tout artiste qui veut s'y initier. Comme le résultat dépend de multiples facteurs tels que la rapidité d'exécution au moment du remplissage des couleurs, la quantité de peinture appliquée, la consistance des produits, l'humidité dans la pièce, l'élan créatif, etc., l'œuvre sera assurément unique et originale.**

## Préparation, patron et trucs de remplissage

Ouvrez tous les pots et insérez-y un bâtonnet propre. On travaille avec des bâtonnets, car le fond doit être bien rempli pour que les produits interagissent correctement. Un remplissage correct pour ce projet consiste à tremper le bâton dans la peinture et à la déposer directement sur la surface sans en avoir retiré l'excédent sur le rebord du pot. Il faut aussi déposer la peinture graduellement, tout en s'assurant que chaque couleur touche à la précédente, mais sans la mélanger avec. Il faut évidemment remplir la surface le plus rapidement possible car les effets se créent uniquement lorsque la peinture est liquide. Le patron indique l'ordre des couleurs et l'endroit où les appliquer. Il n'est pas nécessaire de transférer le patron sur la surface, car tout se fait graduellement à

« l'œil » et l'inspiration du moment, mais vous pouvez aussi le faire si vous le souhaitez. Ce ne sont par contre que des guides permettant de voir où une couleur se termine et l'autre commence. Le résultat, lui, est complètement aléatoire et peut différer grandement du mien.

## Étapes

*Les pots doivent être bien mélangés au préalable.*

**Fascinant !** Il est intéressant de voir comment une couleur de la gamme Moon envahit à une vitesse fulgurante une couleur Vitrail !

**1.** Commencez par remplir la section 1 (en bas) avec la couleur Brun.

**2.** Laissez tomber quelques gouttes de Ébène sur le brun tout le long de la section.

**3.** Remplissez la section 3 avec la couleur Pierre de lune.

**4.** Remplissez la section 4 avec la couleur Brun. Cette section doit être de forme inégale.

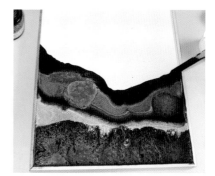

**5.** Remplissez la section 5 avec la couleur Onyx.

**6.** Laissez tomber trois gouttes de Vermeil aux endroits appropriés (voir le patron – sections 6).

**7.** Remplissez la section 7 avec le Brun.

**8.** Remplissez la section 8 avec la couleur Pierre de lune.

**9.** Remplissez graduellement la section 9 avec Ébène.

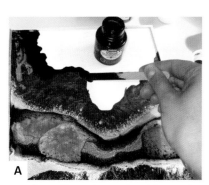

A

B

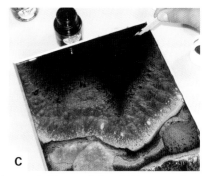

C

**10.** Remplissez la section 10 avec la couleur Brun. Commencez par toucher la couleur précédente d'abord (A) et ensuite remplissez la section en montant graduellement jusqu'en haut (B-C).

**12.** Laissez sécher complètement le projet un jour ou deux. Peignez ensuite le cadre selon votre goût et vernissez-le. L'œuvre est terminée et peut être exposée. On peut également ajouter une vernis supplémentaire (résine époxy) pour lui donner un aspect vitré et lustré magnifique (voir le chapitre 2).

**11.** Terminez en laissant tomber une goutte de Vermeil sur le fond brun à l'endroit approprié (voir le patron – section 11).

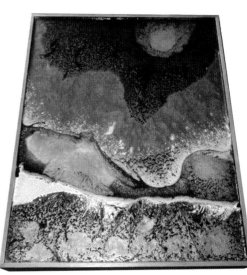

## Matériel

**Patron :** Page 182
**Surface :** Panneau de bois à couler
**Format :** 11 x 14 po (28 x 35,5 cm)

**Liste des couleurs :**
Vitrail : Cramoisi

**Moon :** Vermeil, Argent, Chocolat
**Prisme :** Onyx, Fleur de cerisier

**Autre matériel :**
Bâtonnets de style « popsicle »

Cette œuvre ainsi que la précédente (p. 127) sont expliquées dans le but de vous montrer comment réagissent les produits ensemble. Amusez-vous à observer leurs réactions. Il y a une véritable métamorphose des couleurs directement sous nos yeux ! Bonne découverte !

## Étapes

*Les pots doivent être bien mélangés au préalable.*

Voir le projet précédent pour les informations générales (préparation, patron et trucs de remplissage).

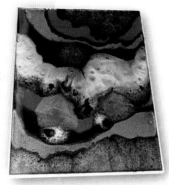

**1.** Commencez par remplir la section 1 (en bas) avec la couleur Cramoisi.

**2.** Laissez tomber quelques gouttes de Chocolat sur le cramoisi tout le long de la section.

**3.** Remplissez la section 3 avec la couleur Onyx.

**4.** Remplissez la section 4 avec la couleur Cramoisi.

**5.** Remplissez la section 5 avec la couleur Fleur de cerisier.

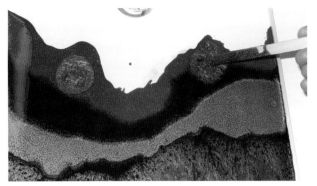

**6.** Laissez tomber une goutte de Vermeil aux endroits appropriés (voir le patron – section 6).

**7.** Remplissez la section 7 avec la couleur Cramoisi.

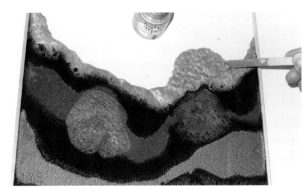

**8.** Remplissez la section 8 avec la couleur Argent. Laissez ensuite tomber une petite goutte de cette même couleur à deux endroits de la section 4 remplie plus tôt (voir le patron – section 8).

**9.** Remplissez la section 9 avec Onyx.

**10.** Remplissez la section 10 avec la couleur Cramoisi. Commencez par toucher la couleur précédente d'abord et ensuite remplissez la section en montant graduellement jusqu'à sa limite.

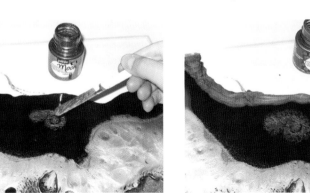

**11.** Laissez tomber une goutte de Vermeil à l'endroit approprié (voir le patron – section 11).

**12.** Remplissez la section 12 avec la couleur Onyx.

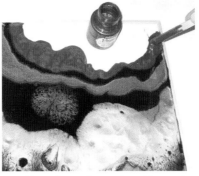

**13.** Remplissez la section 13 avec la couleur Cramoisi.

**14.** Remplissez la section 14 avec la couleur Fleur de cerisier.

**15.** Remplissez la section 15 avec la couleur Cramoisi.

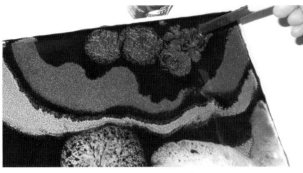

**16.** Laissez tomber des gouttes de Chocolat au centre de la section précédente (15).

**17.** Laissez sécher complètement le projet un jour ou deux. Peignez ensuite le cadre selon votre goût et vernissez-le. L'œuvre est terminée et peut être exposée. On peut également ajouter un vernis supplémentaire (résine époxy) pour lui donner un aspect vitré et lustré magnifique (voir le chapitre 2).

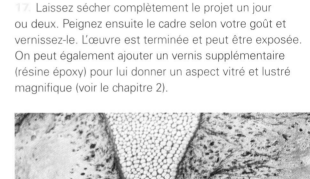

Vue de près des effets magnifiques…

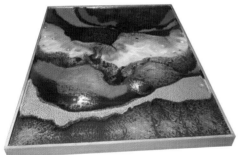

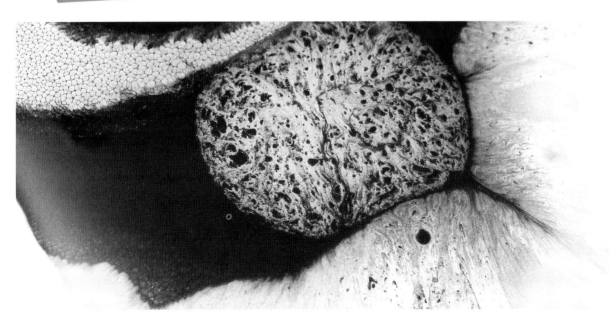

## Coffre yin yang !

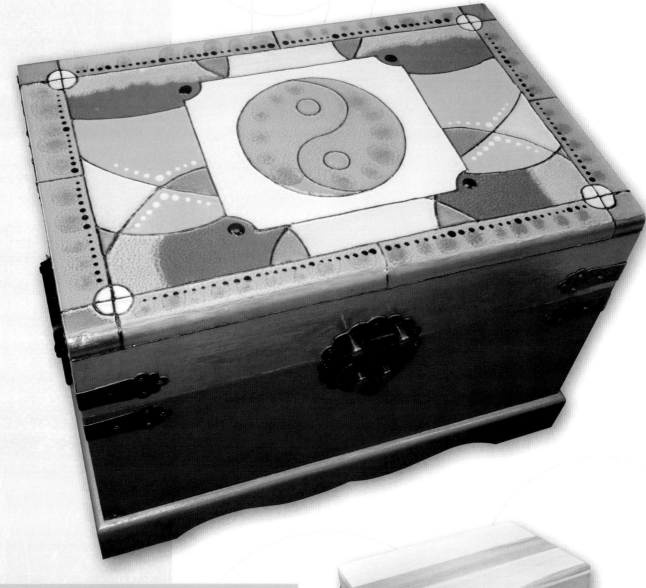

### Matériel

**Patron:** Page 183
**Surface:** Bois
**Format:** 11,5 x 7,5 po
  (7,5 po de haut)
  (29,2 x 19 cm
  [19 cm de haut])

**Liste des couleurs:**
**Prisme:** Rose glacée,
  Blanc coquille, Jaune
  d'été, Émeraude,
  Turquoise, Vermillon,
  Mandarine, Rouge
  anglais, Marina
**Vitrail:** Noir

La base du coffre est
  peinte avec de la
  peinture acrylique
  (couleurs au choix)

**Autres produits:**
Cerne relief: noir
Gesso + pinceau plat
Scellant tout usage
  (ou vernis)

**Autre matériel:** Papier
graphite noir, stylet,
gomme à effacer, règle

**On trouve sur le marché toutes sortes de coffre. Choisissez-en un qui a le dessus plat. Vous pourriez également récupérer un vieux coffre, pourquoi pas !**

*Le coffre de bois doit être bien sablé et doux au toucher.*

### Préparation de la pièce

**1.** Appliquez du scellant sur le dessus du coffre au pinceau plat. Laissez sécher.

**2.** Appliquez ensuite une couche opaque de gesso (1 ou 2 couches au besoin), afin de cacher les nervures du bois. Laissez sécher.

### Transfert du patron sur la surface

**3.** Placez le patron en position sur le coffre et fixez-le avec du ruban adhésif. Insérez un papier graphite noir sous le patron (côté foncé vers le bas) et transférez le dessin sur la surface à l'aide du stylet et de la règle.

### Traçage des contours

**4.** Tracez toutes les lignes du dessin avec le cerne relief (sauf le contour). Laissez sécher. Effacez les lignes de graphite apparentes s'il y a lieu.

### Application des couleurs

Peignez toutes les sections du projet selon les instructions suivantes. L'application de la peinture doit se faire le plus rapidement possible pour permettre aux couleurs de s'intégrer les unes dans les autres sans que l'on voie la démarcation. Il faut aussi appliquer très épais de peinture pour obtenir l'effet alvéolé souhaité. Laissez ensuite sécher 24h avant de passer à l'étape de finition.

### *Sections avec effet* (plan A et B)

**5.** Faites une section à la fois. Remplissez avec un gros cure-dent la section en gris du motif yin yang (plan A) avec la couleur **Turquoise**. Appliquez une couche épaisse de peinture sinon les alvéoles n'apparaîtront pas.

**6.** Laissez tomber tout de suite après 5 gouttes de couleur **Marina** sur la section fraîche en suivant la forme du cercle (coton-tige).

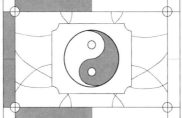

Plan A – Turquoise et Marina.　　Plan B – Mandarine et Vermillon.

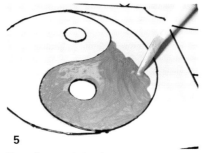

Remplissage du fond.

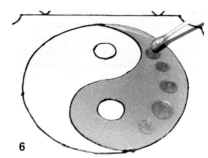

Ajout des gouttes sur le fond frais peint.

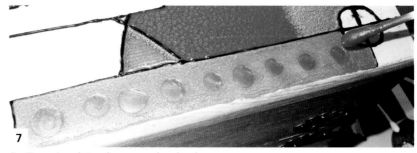

Appliquez la peinture jusque sur le rebord.

Répétez ces deux étapes sur les autres sections du plan A, mais en laissant tomber les gouttes côte à côte puisque les sections sont allongées. Pendant le remplissage, n'ayez pas peur d'appliquer la peinture jusque sur le rebord du coffre, elle ne coulera pas. Laissez sécher tel quel.

**7.** Répétez les étapes pour toutes les sections du Plan B, cette fois avec les couleurs **Mandarine** (fond) et **Vermillon** (gouttes).

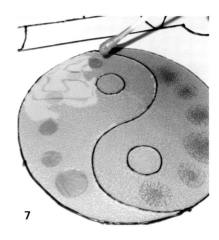

## Autres sections avec effet
### (plan C)

**8.** Faites une section à la fois. Remplissez avec un gros cure-dent la section avec deux couleurs : Rouge anglais et Rose glacée. Les couleurs doivent simplement se toucher (voir le plan C pour les proportions). Laissez sécher.

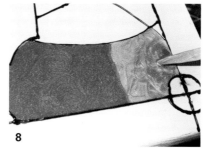

**8** **8**

Les deux couleurs doivent être très fraîches et simplement se toucher pour créer l'effet.

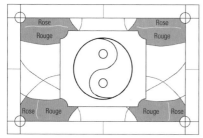

Plan C – Dégradé Rouge anglais et Rose glacée.

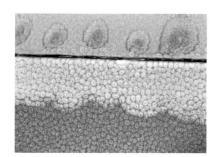

Vue de près de l'effet alvéolé des produits Prisme.

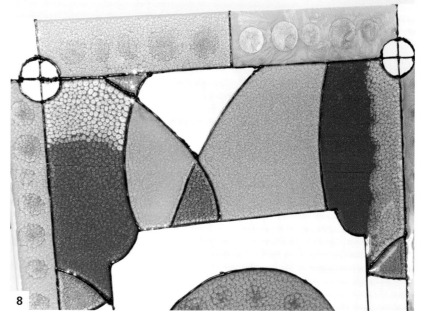

**8**

Les couleurs évoluent en séchant et le dégradé et les alvéoles apparaissent graduellement.

## Autres sections du patron

**9.** Remplissez toutes les autres sections avec les couleurs correspondantes (voir la légende). Utilisez des petits et des gros cure-dents pour le remplissage. Attention de ne pas ensevelir le cerne relief. Si vous débordez, essuyez la peinture avant qu'elle ne sèche. Laissez ensuite sécher complètement.

### Légende des couleurs
(Voir le patron)

**T** = Turquoise
**O** = Mandarine
**M** = Marina
**E** = Émeraude
**J** = Jaune d'été
**B** = Blanc coquille

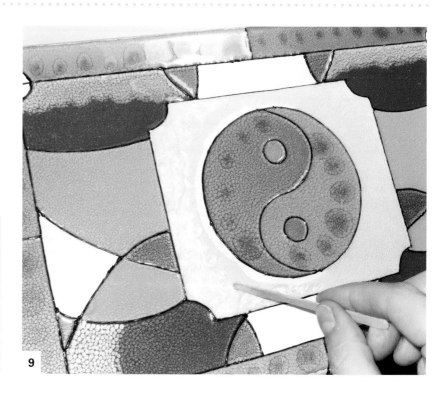

**9**

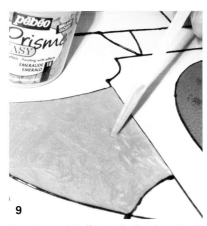

**9**

Pour bien voir l'effet particulier de cette peinture, la couche doit être très épaisse. Il ne faut surtout pas l'étendre en couche mince. D'où l'utilisation du gros cure-dent pour le remplissage.

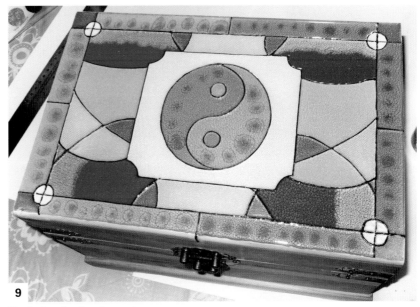

**9**

Fin de l'application des couleurs.

## Étape de finition

**10.** Une fois que le motif est complètement sec, faites un gros point noir à chacune des extrémités du carré central avec le manche d'un pinceau trempé dans la peinture Noir Vitrail (A).

Faites également des petits points noirs dans la bordure du coffre (série de 7 points consécutifs) avec un stylet (B). Laissez sécher 24h.

**11.** Peignez le reste du coffre de bois avec les couleurs de votre choix. Ici, le coffre a été peint avec la peinture acrylique habituelle (ex.: Americana) et ensuite verni.

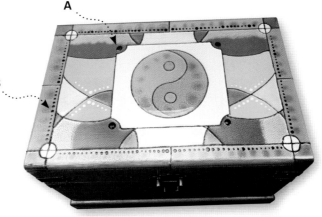

**A**

**B**

**Idée !**
On pourrait recouvrir le dessus du coffre d'une résine époxy pour obtenir une finition très lustrée.

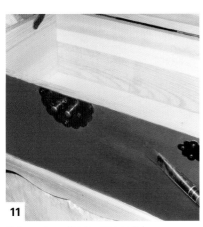

**11**

Peignez le coffre à votre goût !

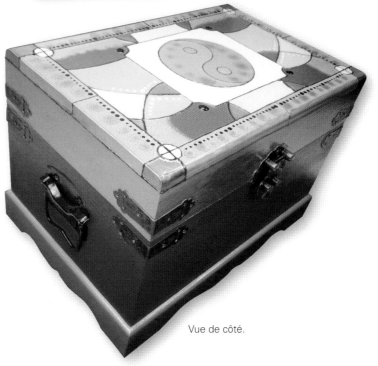

Vue de côté.

Cerne Mixtion et feuille or

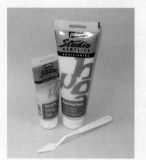

Pâte à craqueler Studio

## Matériel

**Patron :** Page 184
**Surface :** Bois
**Format :** 7 x 25 po
   (17,8 x 63,5 cm)

**Liste des couleurs :**
Orange, Turquoise, Vert
pomme, Super blanc,
Jaune soleil, Cramoisi

**Autres produits :**
Cerne relief : noir
Cerne Relief Mixtion Gédéo
   + feuille miroir or
Pâte à texturer : Effet
   craquelé Studio (Pébéo)
Vernis acrylique
Peinture acrylique : noir
   (marque de votre choix),
Gesso

**Textures :**
Effet craquelé
Effet vieux cuir

**Autre matériel :**
Papier graphite noir +
stylet, pinceau plat (poils
synthétiques), règle,
ciseaux, spatule

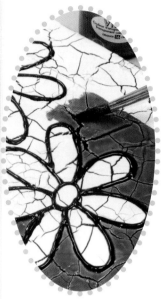

**Ce projet est une
combinaison de
techniques mixtes :
pâte à craqueler,
texture avec le gel
acrylique, cerne
relief, peinture
Vitrail ainsi que
cerne collant avec
feuille miroir.
C'est un exemple
concret qui illustre
très bien comment
on peut combiner
plusieurs produits
dans un même
projet et obtenir
un résultat
magnifique.**

### Préparation de la pièce

*La pièce doit être sablée et douce au toucher.*

1. Appliquez du Gesso sur la surface au pinceau plat. Laissez sécher.

2. Appliquez une couche uniforme de peinture noire acrylique au pinceau plat. Laissez sécher.

### Création de la texture effet craquelé

*Effet craquelé Studio (ensemble de 2 produits)*

*Il est conseillé de faire un test sur une surface similaire au préalable afin de voir si le résultat vous satisfait.*

3. Étendez le produit « sous-couche » au pinceau sur toute la surface. La couche ne doit pas être trop mince si vous voulez des craquelures bien visibles. Vérifiez également qu'il y en a partout, sinon certaines parties ne craqueront pas. Laissez sécher environ 1h ou peut-être plus, dépendamment de l'humidité et de l'épaisseur de la couche.

4. Dès que la sous-couche est sèche, appliquez à la spatule une couche généreuse de pâte à texturer (celle qui est incluse dans l'ensemble à craqueler) sur toute la surface. La couche de pâte doit être uniforme et en quantité suffisante pour cacher complètement le fond noir (ne l'étendez pas en couche mince). Plus vous mettrez épais de pâte, plus les craquelures seront grosses. Laissez sécher plusieurs heures jusqu'à ce que la pâte soit complètement sèche.

### Transfert du patron sur la surface et vernis

5. Placez le patron en position sur la toile et fixez-le au haut avec du ruban adhésif. Insérez un papier graphite noir sous le patron (côté foncé vers le bas) et transférez le dessin sur la surface à l'aide du stylet et de la règle. Une fois le dessin transféré, appliquez une couche uniforme de vernis acrylique sur toute la surface pour sceller la pâte. Laissez sécher.

2

3

3

Application du produit « sous-couche » à la spatule.

4

4

Application de la pâte à la spatule.

Résultat une fois sec.

### Fond craquelé

Il est possible d'utiliser d'autres médiums à craquelures sur le marché (ex. : ceux en peinture décorative) tant que celui-ci donne le même résultat. Si vous utilisez une autre marque, vous devrez suivre les instructions du fabricant du produit et non celles expliquées dans ce projet car chaque produit a sa propre marche à suivre.

### Traçage des contours

**6.** Coupez le bout de la canule du cerne relief noir avec des ciseaux. Pour ce projet, les lignes doivent être grosses et bombées. Tracez le pot et les fleurs seulement. Laissez sécher.

### Création de la texture effet vieux cuir (gel acrylique brillant et spatule)

**7.** Une fois que les contours sont secs, faites l'Effet vieux cuir dans le pot seulement. Laissez sécher.

### Application des couleurs

Peignez les éléments suivants. Laissez ensuite sécher complètement 24h avant de passer à l'étape de finition.

## Fond central

**8.** Étendez au pinceau une couche uniforme de Orange sur les sections du fond central (haut et bas). Ne dépassez pas le cadre, sinon la démarcation paraîtra.

## Cadrage vert

**9.** Étendez au pinceau une couche uniforme de Vert pomme.

## Quatre coins

**10.** Étendez au pinceau une couche de Jaune soleil sur les quatre coins.

## Pot

**11.** Étendez au pinceau une couche de Turquoise dans le pot (la texture doit être sèche).

## Marguerites

**12.** Remplissez au cure-dent les trois fleurs avec la couleur Super blanc. Ne touchez pas le cerne relief pendant le remplissage. Si vous débordez, essuyez la peinture avant qu'elle ne sèche.

## Boutons des marguerites

**13.** Remplissez au cure-dent les trois boutons avec la couleur Jaune soleil.

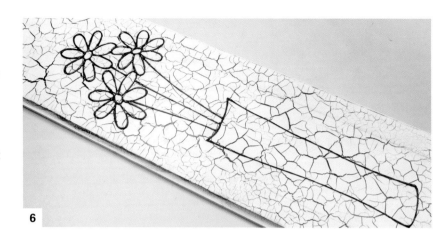

Fond central.

Pot.

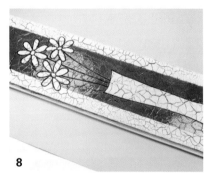

Marguerites.

**Étape de finition**

## Fond central (bas)

14. Étendez au pinceau une couche de Cramoisi sur le fond orangé. Laissez sécher.

## Cerne Mixtion relief et feuille or

15. Coupez le bout de la canule avec des ciseaux pour obtenir un trait plus épais. Tracez les contours du projet (ceux qui n'ont pas été tracés au cerne noir) et laissez sécher jusqu'à ce que les lignes deviennent transparentes et collantes (environ 2-3h).

16. Appliquez la feuille or sur toutes ces lignes (une partie à la fois) et pressez doucement avec les doigts. Retirez-la aussitôt. La feuille colle sur le cerne et donnera une belle finition !

## Épaisseur de la plaque

Peignez le rebord de la plaque selon votre goût et votre décor.

> **Truc de peinture**
> Il est possible d'utiliser n'importe quel cerne relief or à la place du cerne mixtion collant/feuille or si vous n'avez pas ce produit. Le résultat sera un peu moins éclatant, mais tout de même très joli.

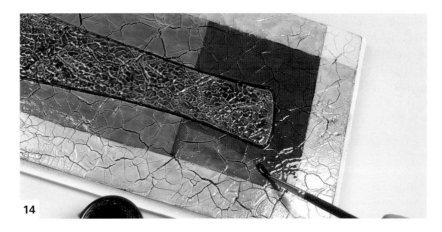

14

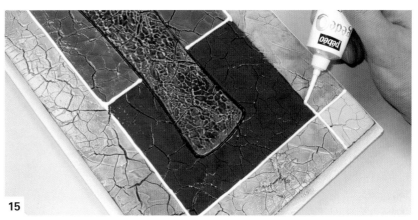

15

16

*Faux-vitrail ensoleillé*

**Patron :** Page 185
**Surface :** Verre
**Format :** 11 x 14 po
(28 x 35,5 cm)

**Liste des couleurs :**
Turquoise, Vert pomme,
Rose, Pourpre, Citron,
Orange, Médium
éclaircissant

**Autres produits :**
Ruban de plomb adhésif,
médium mat, gel acrylique

brillant, cerne relief
transparent, résine de
glaçage Gédéo

**Textures :**
Effet fissures sur fond
mat, effet bossé, effet
givré

**Autre matériel :**
Carrés d'éponge en
mousse, petit contenant,
ciseaux, lame

Vue à plat.

### Préparation de la pièce

**1.** Nettoyez la vitre avec de l'alcool à friction et un papier absorbant.

### Positionnement du patron

**2.** Placez le patron sous la vitre et fixez-le solidement en haut et en bas avec du ruban adhésif.

### Traçage des contours

## Traçage des lignes droites

**3.** Tracez toutes les lignes du dessin avec le ruban de plomb adhésif (sauf le contour et les trois fleurs). Pour obtenir une belle finition, fixez le ruban dans cet ordre (voir plan A) :

**1 – Rouge orangé**
**2 – Bleu**
**3 – Vert**
**4 – Jaune**

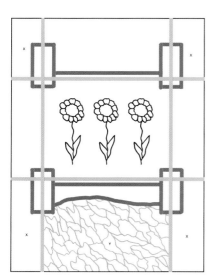

Plan A.

## Traçage des fleurs

**4.** Tracez les trois fleurs avec le cerne transparent. La ligne de cerne doit être bombée pour être bien visible une fois sèche, donc ne la faites pas trop mince.

**5.** Tracez ensuite le contour de toutes les lignes de plomb (appuyez le cerne sur le rebord du plomb et faites glisser le tube). Cette fois, les lignes doivent être minces.

**6.** Laissez sécher complètement.

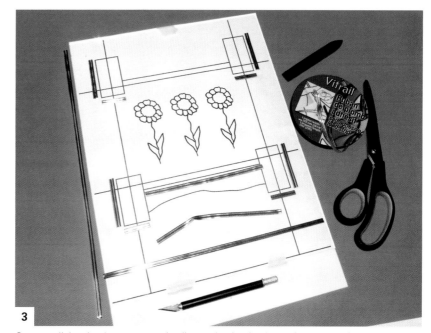

**3**

On peut d'abord préparer toutes les lignes de plomb nécessaires et ensuite toutes les fixer.

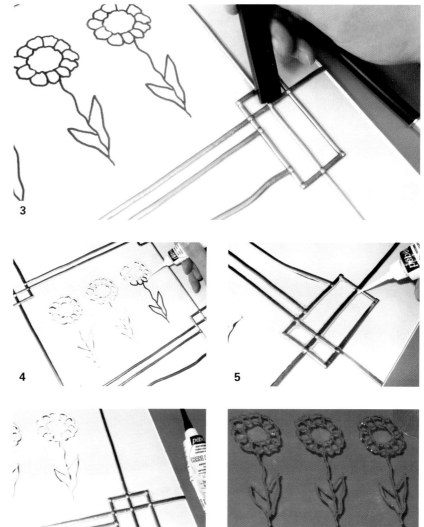

**3**

**4**

**5**

**6**

Résultat une fois sec.

## Réalisation des textures

Il y a plusieurs textures dans ce projet. Faites-les une à la fois en suivant les indications suivantes :

### *Effet bossé*
**(X sur le patron)**

**7.** Faites l'Effet bossé dans toutes les sections marquées d'un X sur le patron. Laissez sécher.

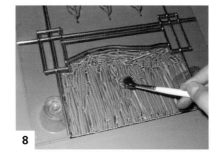
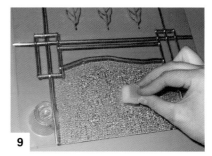

### *Effet fissuré sur fond mat*
**(Y sur le patron)**

**8–9.** Faites un fond mat dans la section (étendez grossièrement le médium mat au pinceau et tapotez la surface avec une éponge). Laissez sécher jusqu'à ce que le fini mat soit complètement sec.

**10.** Fixez le patron sous la surface. Tracez les lignes grises du patron avec le cerne relief transparent. Soyez minutieux, car une fois la ligne tracée, on ne peut malheureusement plus l'enlever. Laissez sécher.

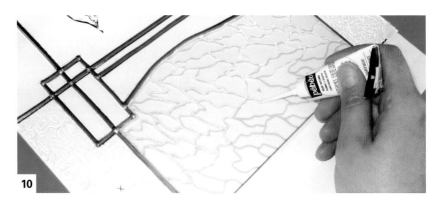

### *Effet givré*
**(Z sur le patron)**

**Sections dans les coins :**

**11.** Faites l'Effet givré dans toutes les sections (utilisez un petit carré d'éponge). Nettoyez les débordements s'il y a lieu avant qu'ils ne sèchent.

**Section centrale :**

**12–13–14.** *Il est conseillé de faire la section centrale en trois temps (une fleur à la fois) pour que le gel soit bien frais quand vous essuyez le contour.* Faites l'Effet givré dans toute la section en prenant soin de ne pas toucher les fleurs. Il faut travailler rapidement car tout de suite après avoir fait la texture, il faut

essuyer les contours de la section et des fleurs avec un coton-tige propre pour que la bordure soit claire et nette. Utilisez autant de cotons-tiges que nécessaire. Laissez sécher.

> ### Truc
> Quand on crée une bordure claire dans la texture, il arrive parfois que le gel résiste et ne s'enlève pas facilement parce qu'il est trop sec. Trempez alors le coton-tige dans de l'alcool à friction et épongez l'excédent sur un papier absorbant. Frottez délicatement les endroits résistants… le gel ne résistera plus !

Vue de la section centrale sèche.

## Application des couleurs

**15.** Peignez les sections suivantes avec les couleurs correspondantes (voir la légende). Il est recommandé de faire toutes les sections de même couleur en même temps et ensuite de passer à une autre couleur. Utilisez des petits et gros cure-dents pour le remplissage des petites sections et un pinceau pour celles avec de la texture. Pour le remplissage des fleurs, tenez le cure-dent à la verticale pour ne pas salir le cerne transparent. Laissez ensuite sécher le projet complètement avant de passer à l'étape de finition.

### Légende des couleurs

(Voir le patron)

**T** = Turquoise (étendre la peinture au pinceau)
**P** = Pourpre
**O** = Orange
**V** = Vert pomme
**C** = Citron
**R** = Rose
**M** = Mélange (Orange + médium éclaircissant 1:1)

## Étape de finition

### *Petits points*

**16.** Préparez un mélange de résine époxy (Résine de glaçage). Un petit fond de verre suffira amplement pour ce projet. Trempez le stylet dans ce mélange et faites des petits points dans le cadre clair dans la partie centrale (pas autour des fleurs) que vous avez essuyée avec le coton-tige. Laissez sécher 48h.

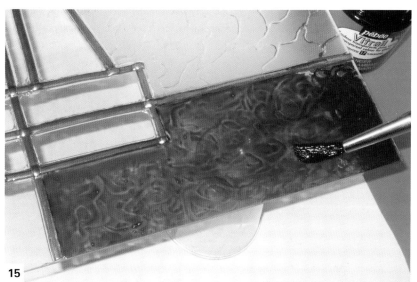

Vue de près des fleurs.

## 16

*Arbre fleuri*

## Matériel

**Patron :** Page 186
**Surface :** Verre
**Format :** 10 x 20 po
(25,4 x 50,8 cm)

**Liste des couleurs :**
Brun, Sable, Vert pomme,

Bleu jeans, Rouge, Jaune
Soleil

**Autres produits :**
Cerne relief : Vermeil
Gel acrylique brillant
Résine de glaçage Gédéo

**Textures :**
Effet cuir linéaire

**Autre matériel :**
Spatule, stylet, ciseaux,
éponge en mousse,
estampe (motif au choix)

Vue à la lumière.

### Préparation de la pièce

1. Nettoyez la vitre avec de l'alcool à friction et un papier absorbant.

### Positionnement du patron

2. Placez le patron sous la vitre et fixez-le solidement en haut et en bas avec du ruban adhésif.

### Traçage des contours

3. Coupez le petit bout fin de la canule du cerne relief avec des ciseaux. Les lignes devront être épaisses et bombées. Tracez toutes les lignes du dessin avec le cerne relief (sauf le contour et les cercles en gris).

**4**

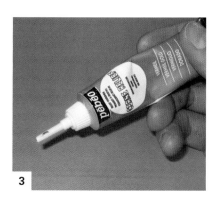

**3**

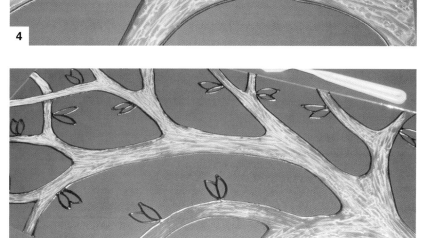

**4**

La texture avant séchage.

### Réalisation de la texture

4. Créez la texture Effet cuir linéaire avec la spatule dans toutes les sections de l'arbre.

Utilisez le gel acrylique brillant pour faire la texture. Comme vous travaillez sur la vitre, la couche de gel ne doit pas être trop épaisse sinon elle ne séchera pas en profondeur. Suivez le sens des branches pour créer le motif.

Laissez sécher jusqu'à ce que le gel devienne complètement transparent. Passez à l'étape des couleurs.

La texture une fois sèche.

## Application des couleurs

Peignez l'arbre, le feuillage et les fleurs en suivant les instructions suivantes. Laissez ensuite sécher le projet 24h avant de passer à la prochaine étape.

## Arbre

**5.** Au pinceau, peignez les branches de l'arbre avec les couleurs Brun et Sable. Alternez les deux couleurs pour créer des tons en utilisant majoritairement le Brun. De temps en temps, tapotez ce qui est peint avec un bout d'éponge pour créer d'autres nuances. Attention de ne

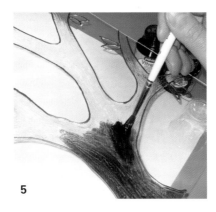

5

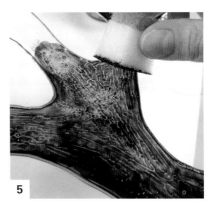

5

pas toucher le cerne relief pendant le remplissage. Si vous débordez, essuyez la peinture avant qu'elle ne sèche. Laissez sécher.

## Feuillage

**6.** Vert pomme. Remplissage au cure-dent.

## Fleurs

**7.** Replacez le patron sous la surface. Les cercles en gris foncé et gris pâle montrent la position des fleurs à réaliser. Centrez le bouton de la fleur dans chaque cercle et les pétales sur le contour. Il est suggéré de faire tous les boutons et ensuite les pétales. Voici les couleurs et les outils utilisés pour les réaliser.

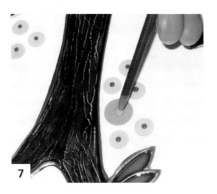

7

7

> **Information utile**
> La technique des fleurs est expliquée au chapitre 2.

**Cercles gros et foncés :**
Fleur : Rouge
  (manche d'un petit pinceau)
Bouton : Jaune Soleil
  (manche d'un petit pinceau)

**Cercles petits et pâles :**
Fleur : Bleu jeans (stylet)
Bouton : Rouge (stylet)

## Réalisation de la texture avec motifs

*Gel acrylique brillant + coton-tige + estampe*

La texture se réalise en 3 étapes. **Travaillez rapidement pour ne pas que le gel commence à sécher pendant la réalisation.** Il est recommandé de faire une seule section à la fois. Voici comment procéder :

**8.** Faites d'abord l'Effet givré dans la section en prenant soin de contourner les fleurs.

8

**9.** Essuyez rapidement le contour de la section à l'aide d'un coton-tige propre. Essuyez également le contour des fleurs pour faire une belle bordure nette.

**10.** Imprimez le motif d'une estampe en quelques endroits dans la section (dans les sections plus grandes seulement).

**11.** Laissez sécher. Faites ainsi toutes les sections une par une.

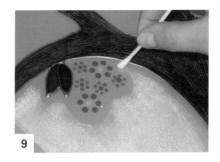

Vue d'une autre section avant séchage.

**Idée !**
On peut combiner plusieurs estampes et créer une composition originale.

**Étape de finition (petits points)**

**12.** Préparez un mélange de résine époxy (Résine de glaçage). Le fond d'un petit verre suffit amplement pour ce projet. Trempez le stylet dans ce mélange et faites des petits points dans toutes les parties claires que vous avez essuyées avec le coton-tige. Lorsque vous contournez les fleurs, ne faites pas de points près de la branche, seulement dans les cercles. Laissez sécher 48h.

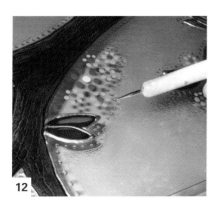

## 17

## Matériel

**Patron :** Page 187
**Surface :** Verre
**Format :** 5 x 7 po
   (12,7 x 17,8 cm)

**Liste des couleurs :**
Vert pomme, Pourpre

**Autres produits :**
Cerne relief : Vermeil
Gel acrylique brillant
Gel à masquer

**Textures :**
Effet bossé
Effet givré

**Autre matériel :**
Pochoir avec motif de
bonsaï (ou autre), colle en
aérosol (facultatif), lame,
éponge en mousse

**Voici un projet simple dans
lequel votre motif de pochoir
prend toute la vedette !**

***Important :** seule une surface de verre convient à ce projet, car le motif est réalisé avec le gel à masquer.*

### Préparation de la pièce
1. Nettoyez la vitre avec de l'alcool à friction et un papier absorbant.

### Positionnement du patron
2. Placez le patron sous la vitre et fixez-le solidement en haut et en bas avec du ruban adhésif.

### Traçage des contours
3. Tracez toutes les lignes du dessin avec le cerne relief (sauf le contour et les vrilles carrées dans le centre).

### Motifs masqués
*Cette technique est expliquée dans le chapitre des textures.*

4. Il faut tout d'abord masquer les motifs que l'on veut mettre en

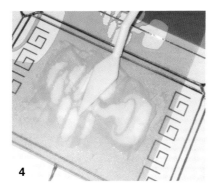

**4**

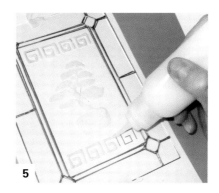

**5**

évidence. Commencez par le motif du pochoir (bonsaï) que vous fixez en plein centre. Étendez à la spatule une fine couche de gel à masquer sur le motif et retirez le pochoir aussitôt (retouchez les imperfections s'il y a lieu).

5. Tracez ensuite directement avec la pointe de la bouteille les vrilles carrées dans la section centrale. Laissez sécher.

### Truc
Il n'est pas obligatoire mais fortement recommandé de vaporiser de la colle en aérosol derrière le pochoir pour améliorer son adhérence (laissez sécher la colle sous le pochoir et collez-le plusieurs fois sur une autre surface de verre ou de plastique pour en retirer l'excédent).

### Réalisation des textures
6. Créez les textures Effet bossé (X) et Effet givré (Y) dans les sections correspondantes (voir le patron).

7. Pour les sections avec l'effet givré, retirez les éléments masqués tout de suite après avoir fait la texture.

8. Laissez ensuite sécher jusqu'à ce que le gel devienne complètement transparent. Vous pourrez ensuite gratter les imperfections du motif avec une lame si nécessaire.

### Application des couleurs
9. Remplissez au cure-dent les sections suivantes avec les couleurs correspondantes. Attention de ne pas déborder sur le cerne relief pendant le remplissage. Si vous débordez, essuyez la peinture rapidement. Laissez sécher complètement.

**Cadrage mince :** Pourpre
**Losanges :** Vert pomme

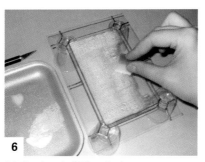

**6**

Réalisation de l'Effet givré.

**7**

Retirez les éléments masqués avec une lame avant que la texture sèche.

### Idée !
Ce projet peut être réalisé dans un format beaucoup plus grand. Adaptez simplement le format du projet à la taille de votre pochoir.

**8**

Plaque Bienvenue !

Cette jolie plaque peut être réalisée avec ou sans adresse au choix.

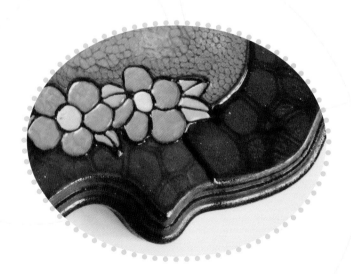

## Matériel

**Patron :** Page 188
**Surface :** Bois
**Format :** 14 x 9 po
(35,5 x 23 cm)

**Liste des couleurs :**
**Vitrail :** Cramoisi,
Médium pailleté,
Médium éclaircissant
**Moon :** Perle, Bois de
rose, Émeraude, Abricot
**Prisme :** Turquoise,
Marina, Vert nacré

**Autres produits :**
Cerne relief : noir
Gesso + pinceau plat
Vernis brillant acrylique
ou scellant tout usage

**Autre matériel :**
Papier graphite noir,
stylet, gomme à effacer,
petit contenant

*La plaque de bois doit être bien sablée et douce au toucher.*

### Préparation de la pièce

1. Appliquez une couche opaque de gesso sur toute la surface avec un pinceau plat (1 ou 2 couches au besoin) afin de cacher les nervures du bois. Laissez sécher. Appliquez ensuite une couche de vernis acrylique ou de scellant tout usage sur la surface pour la sceller encore plus. Laissez sécher.

### Transfert du patron sur la surface

2. Placez le patron en position sur la pièce et fixez-le au haut avec du ruban adhésif. Insérez un papier graphite noir sous le patron (côté foncé vers le bas) et transférez le dessin sur la surface à l'aide du stylet.

### Traçage des contours

3. Tracez toutes les lignes du dessin avec le cerne relief (sauf le contour). Laissez sécher. Effacez les lignes de graphite apparentes s'il y a lieu.

### Application des couleurs

Peignez toutes les sections du projet en suivant les instructions suivantes. Laissez ensuite sécher 24h avant de passer à l'étape de finition.

## Fond central
### (X sur le patron)

*Prisme : Turquoise, Marina, Vert nacré*

Le fond central doit être réalisé le plus rapidement possible pour permettre aux couleurs de s'intégrer les unes dans les autres sans que l'on voie la démarcation. La couche de peinture doit être très épaisse pour obtenir l'effet alvéolé souhaité. Ce fond se réalise en trois étapes (ne laissez pas sécher entre les étapes).

4. À l'aide d'un gros cure-dent, remplissez graduellement le fond central avec la couleur Turquoise jusqu'à environ 1 à 2 centimètres du

Il faut remplir le fond le plus rapidement possible pour que les couleurs se mélangent bien.

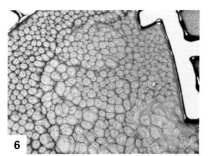

Vue de près de l'effet alvéolé des produits Prisme.

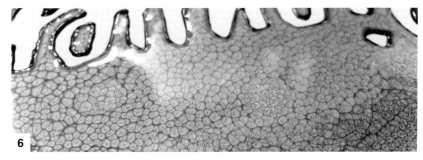

bord de la section. Comme le plus long est de contourner les lettres du mot Bienvenue, commencez par ces endroits en premier.

5. Remplissez ensuite le reste de la section avec la couleur Marina ; faites en sorte que les deux couleurs se touchent.

6. Laissez tomber quelques gouttes de Vert nacré un peu partout sur le fond humide (coton-tige)*.

**Attention :** ne faites pas cette étape si vous n'avez pas rempli le fond rapidement, car la peinture se sera trop figée et les gouttes resteront à la surface sans s'intégrer aux autres couleurs. Une bonne façon de savoir si la peinture est trop figée est d'observer le lustre de la peinture. Si la peinture est très luisante à la lumière, elle est fraîche et vous pouvez intégrer d'autres couleurs. Si elle est plutôt mate, il est trop tard ; elle a commencé à se figer.

## Sections: Bordure
### (Y sur le patron)

*Vitrail: Médium éclaircissant, Cramoisi, Médium pailleté*

**7.** Préparez un mélange dans un petit contenant (Cramoisi + Médium pailleté [2:1]) suffisant pour remplir toutes les sections Y. Les sections de la bordure se réalisent en deux étapes (ne laissez pas sécher entre les étapes):

**8.** *Faites une section à la fois.* Étendez rapidement au pinceau une couche moyenne du mélange de Cramoisi-pailleté dans la section.

**9.** Trempez ensuite un coton-tige dans du médium éclaircissant et laissez tomber des gouttes les unes à côté des autres. Laissez sécher tel quel. Procédez ainsi dans toutes les sections de la bordure et laissez sécher.

## Autres sections

**10.** Remplissez toutes les autres sections avec les couleurs correspondantes (voir la légende). Utilisez des petits et des gros cure-dents pour le remplissage. Attention: ne touchez pas le cerne relief. Si vous débordez, essuyez la peinture avant qu'elle ne sèche. Laissez ensuite sécher complètement.

### Légende des couleurs
(Voir le patron)

**B** = Bois de rose
**E** = Émeraude
**A** = Abricot
Feuillage = Vert nacré
Boutons des fleurs,
Bienvenue et chiffres = Perle

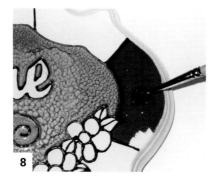

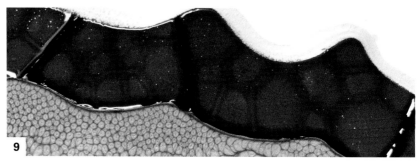

Vue de près de l'effet obtenu dans les sections de la bordure.

### Truc de peinture
Pour obtenir un beau résultat, il ne faut pas mettre trop épais de peinture dans le fond de la section sinon le rouge sera très foncé. Même chose pour les gouttes de médium éclaircissant. Il ne faut pas en abuser sinon vous risquez de ne plus voir l'effet des «ronds» dans la peinture.

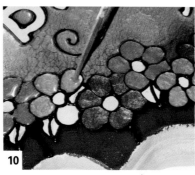

Ex.: Application de la couleur Émeraude dans certaines fleurs.

Ex.: Remplissage du mot Bienvenue.

### Étape de finition
**11.** Peignez l'épaisseur ainsi que l'arrière de la plaque selon votre goût. Laissez sécher, puis appliquez une couche de médium éclaircissant (ou le vernis de votre choix) sur toute la plaque (recto-verso) pour la rendre résistante. Laissez sécher complètement.

### Recommandation
Il n'est pas recommandé de laisser cette plaque à l'extérieur en hiver, car elle pourrait s'endommager. Évidemment, tout dépend si elle est cons-tamment en contact avec les intempéries ou si elle est bien à l'abri.

La peinture à effet fantaisiste permet de réaliser un fond de pierre original et unique !

## Matériel

**Patron :** Page 189
**Surface :** Bois
**Format :** 9¾ x 6¾ po
(24,8 x 17 cm)

**Liste des couleurs :**
Vitrail : Pourpre, médium éclaircissant
Prisme : Cendre bleue, Rose glacée, Bleu nuit, Blanc coquille

**Autres produits :**
Cerne relief : noir
Vernis brillant acrylique ou scellant tout-usage + pinceau plat

**Autre matériel :**
Papier graphite (1 noir et 1 blanc), stylet, gomme à effacer

*La plaque de bois doit être bien sablée et douce au toucher.*

## Préparation de la pièce

**1.** Appliquez une couche de vernis acrylique ou de scellant tout usage sur la surface pour la sceller. Laissez sécher.

## Transfert du patron sur la surface

**2.** Placez le patron en position sur la pièce et fixez-le en haut avec du ruban adhésif. Insérez un papier graphite noir sous le patron (côté foncé vers le bas) et transférez le dessin sur la surface à l'aide du stylet.

## Traçage des contours

**3.** Tracez toutes les lignes du dessin avec le cerne relief (sauf le contour et les chiffres). Laissez sécher. Effacez les lignes de graphite apparentes s'il y a lieu.

## Application des couleurs

Peignez toutes les sections du projet en suivant les instructions suivantes. Laissez ensuite sécher 1 semaine avant de passer à l'étape de finition.

## Fond central

**4.** Commencez par remplir le fond avec la couleur Bleu nuit. Utilisez un bâtonnet pour le remplissage car il faut mettre très épais de peinture pour obtenir l'effet alvéolé. Travaillez le plus rapidement possible, car la peinture doit être très fraîche pour que le dégradé que vous allez faire fonctionne.

**5.** Aussitôt que le fond est rempli, trempez un bâtonnet dans la couleur Cendre bleue et laissez tomber la peinture dans le centre. Versez-en aussi une petite quantité directement de la bouteille et distribuez la peinture avec le bâtonnet (faites un gros ovale). Attention, il ne faut pas la mélanger totalement.

**6.** Ajoutez enfin la troisième couleur (Rose glacée) par-dessus la deuxième de la même façon. Mêlez

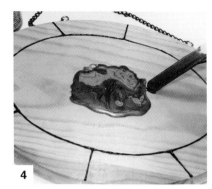

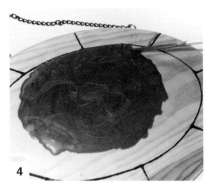

**4**

**4**

Le remplissage du fond se fait graduellement du centre vers l'extérieur.

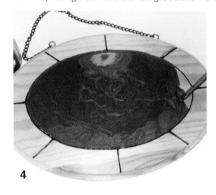

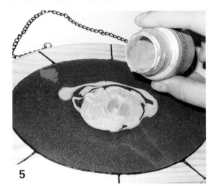

**4**

**5**

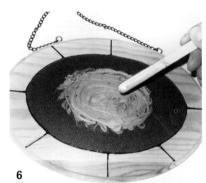

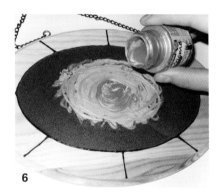

**6**

**6**

**7**

**7**

Résultat avant séchage.

Résultat.

**légèrement** les couleurs pour former un ovale au centre, tout en gardant le contour du fond intact.

**7.** Laissez sécher tel quel plusieurs jours. Le dégradé se formera et le motif apparaîtra.

**Note : votre résultat peut différer du mien car plusieurs facteurs influencent la réaction des produits (quantité de peinture, humidité, temps d'application, etc.).**

## Bordure colorée

Les sections de la bordure se réalisent en deux étapes (faites-les une à la fois).

**8.** Commencez par remplir la section avec la couleur Pourpre. Il est préférable d'utiliser un pinceau pour le remplissage car cela doit se faire rapidement. De plus, ne mettez pas trop épais de peinture, étendez-la tout simplement.

**9.** Trempez un coton-tige dans du médium éclaircissant et laissez tomber des gouttes les unes à côté des autres dans toute la section.

**10.** Répétez les deux étapes dans toutes les sections (variez la taille des gouttes de médium) et laissez sécher.

**Étape de finition**

## Chiffres

*Attendre au moins une semaine avant d'ajouter les chiffres sur la plaque.*

**11.** Replacez le patron en position sur la pièce et fixez-le au haut avec du ruban adhésif. Insérez un papier graphite blanc sous le patron (côté blanc vers le bas) et transférez les chiffres sur la surface à l'aide du stylet.

**12.** Tracez les chiffres avec le cerne relief noir. Laissez sécher.

**13.** Remplissez les chiffres avec la couleur Blanc coquille à l'aide d'un cure-dent. Essuyez tout débordement sur le cerne avant qu'il ne sèche. Laissez sécher complètement.

> **Idée !**
> On pourrait écrire le prénom d'une personne à la place du chiffre ou ajouter un petit dessin au centre !

8

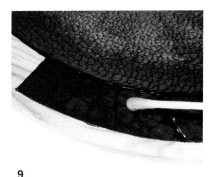

9

12

**14.** Peindre l'épaisseur de la plaque avec la couleur de votre choix.

**Vernis final**

**15.** Il est recommandé de vernir la plaque avec la résine cristal ou le médium éclaircissant pour augmenter sa résistance aux intempéries (recto-verso). Par contre, vous devrez attendre au moins une semaine avant de le faire afin que la peinture soit bien sèche à cœur.

13

## 20

Plaque décorative

**On pourrait aussi réaliser ce projet sur une plaque rectangulaire, un coffret plat, une boîte à tisane, etc.**

## Matériel

**Patron :** Page 190
**Surface :** Bois
**Format :** 9¾ x 6¾ po
(24,8 x 17 cm)

**Liste des couleurs :**
Vitrail : Rouge, Bleu jeans,
Vert clair, Bleu océan
Prisme : Mandarine,
Bouton d'or

**Autres produits :**
Cerne relief : noir
Gesso + pinceau plat
Vernis brillant acrylique
ou scellant tout usage

**Autre matériel :**
Papier graphite noir, stylet,
gomme à effacer, petit
contenant

*La plaque de bois doit être bien sablée et douce au toucher.*

### Préparation de la pièce

1. Appliquez une couche opaque de gesso sur toute la surface avec un pinceau plat (1 ou 2 couches au besoin) afin de cacher les nervures du bois. Laissez sécher. Appliquez ensuite une couche de vernis acrylique ou de scellant tout usage sur la surface pour la sceller encore plus. Laissez sécher.

### Transfert du patron sur la surface

2. Placez le patron en position sur la pièce et fixez-le en haut avec du ruban adhésif. Insérez un papier graphite noir sous le patron (côté foncé vers le bas) et transférez le dessin sur la surface à l'aide du stylet.

### Traçage des contours

3. Tracez toutes les lignes du dessin avec le cerne relief (sauf les pointillés, le contour, les visages et les traits de gazon). Laissez sécher. Effacez les lignes de graphite apparentes s'il y a lieu.

### Application des couleurs

Peignez toutes les sections en suivant les instructions ci-dessous. Laissez ensuite sécher 24h avant de passer à l'étape de finition.

## *Rayons de soleil*
**(voir le patron)**

*X = Mandarine Y = Bouton d'or*

Chaque rayon de soleil doit se réaliser le plus rapidement possible pour permettre aux deux couleurs de s'intégrer l'une dans l'autre sans que l'on voie la démarcation. Commencez par un premier rayon :

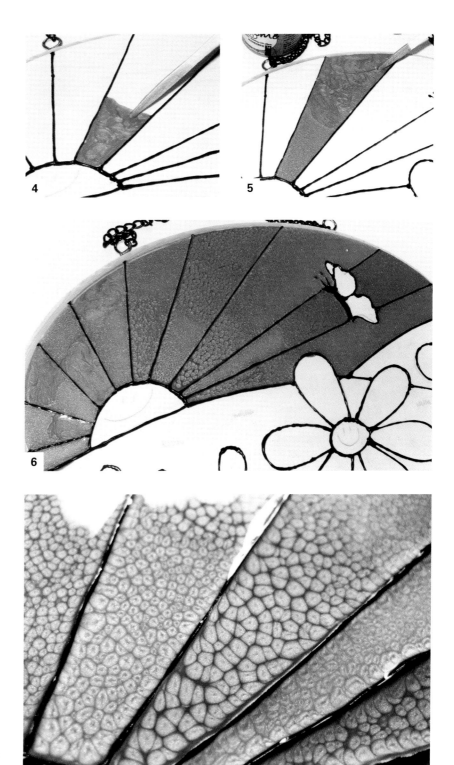

Vue de près de l'effet alvéolé des produits Prisme.

4. Remplissez une partie de la section avec la couleur appropriée. Il faut mettre très épais de peinture, donc utilisez un gros cure-dent pour le remplissage.

5. Aussitôt que la section est remplie à moitié (pointillés), continuez avec la deuxième couleur. Les deux couleurs doivent simplement se toucher, sans se mélanger.

6. Procédez ainsi pour tous les rayons et laissez sécher.

# Autres sections

**7.** Remplissez toutes les autres sections avec les couleurs correspondantes (voir la légende). Utilisez des petits et des gros cure-dents ou le pinceau pour le remplissage. Attention de ne pas toucher le cerne relief pendant le remplissage. Si vous débordez, essuyez la peinture avant qu'elle ne sèche. Laissez ensuite sécher le tout.

**8.** Pour le papillon, les deux couleurs doivent se toucher tout simplement (voir pointillés sur le patron). Pour faire les taches rondes dans les ailes, laissez tomber deux gouttes de Rouge sur le fond bleu.

Application du Vert clair.

Remplissage des pétales avec un gros cure-dent.

## Légende des couleurs

(Voir le patron)

**R** = Rouge
**B** = Bleu jeans
**V** = Vert clair
**O** = Bleu océan
**M** = Mélange
    (Rouge et Vert clair [1:1])
Boutons de fleurs = Bouton
                    d'or

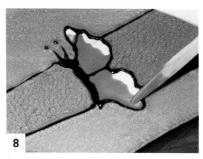
Remplissage des pétales avec un gros cure-dent.

On crée le brun avec un mélange de Rouge et de Vert clair.

## Étape de finition

**9.** Tracez les visages et les traits de gazon avec le cerne relief noir.

**10.** Trempez le bout du manche du pinceau dans la couleur Bleu jeans et faites des points décoratifs tout le tour de la plaque.

**11.** Peignez le rebord (épaisseur) de la plaque selon votre goût. Laissez sécher complètement 24h avant de l'exposer.

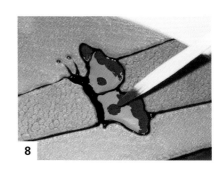
Réalisation du papillon.

### Idée !
Vous pourriez inscrire dans les rayons du soleil le prénom d'une personne ou un numéro de chambre.

## 21

## Matériel

**Patron :** Page 191
**Surface :** Toile
**Format :** 11 x 14 po
 (28 x 35,5 cm)

**Liste des couleurs :**
Greengold,
Médium éclaircissant

**Autres produits :**
Cerne relief : transparent
 et transparent pailleté
Noir acrylique et vernis
 (bord de la toile)

**Autre matériel :**
Ciseaux, pinceau à poils raides
(bas de gamme), 2 pipettes,
pinceau plat pour acrylique

**Voici une jolie toile qui demande peu de produits et qui est très plaisante à réaliser !**

## Préparation de la pièce

1. Il n'y a aucune préparation à faire. On peint directement sur la toile.

## Transfert du patron sur la surface

2. Le patron est fourni seulement pour vous aider à bien voir la disposition de la feuille. Ne le transférez pas sur la toile car les lignes de graphite seraient très visibles à travers le cerne transparent. Si vous désirez tout de même le faire pour vous guider, elles doivent être très pâles.

## Traçage des contours

3. Taillez le bout fin de la canule du cerne relief transparent avec des ciseaux (les lignes doivent être grosses et bombées). Tracez le feuillage avec ce cerne relief en commençant par la longue ligne

3

centrale. Important : pour ce projet, il ne faut **pas** que les lignes soient parfaites et uniformes. Il faut tracer chaque feuille grossièrement, un

peu comme pour un dessin-brouillon (geste spontané). Laissez ensuite sécher jusqu'à ce que le cerne devienne transparent.

## Application des couleurs

*Ne laissez pas sécher entre les étapes. La technique utilisée pour peindre cette toile est l'Effet délavé (voir le chapitre 2).*

4. Distribuez grossièrement du médium éclaircissant sur la toile avec une pipette. N'en mettez pas trop au début, vous ajusterez la quantité plus tard.

5. Avec une autre pipette, distribuez de la même façon la couleur Greengold un peu partout sur la surface.

6-7. Étendez ces deux couleurs avec le pinceau en veillant à toujours peindre dans le sens vertical et en variant les tons de vert. Ajoutez du médium pour éclaircir les zones trop foncées et de la peinture pour foncer au besoin ; il faut couvrir totalement et rapidement la toile et que le résultat soit harmonieux et inégal.

4

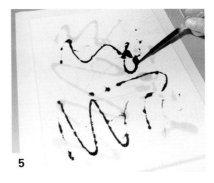

5

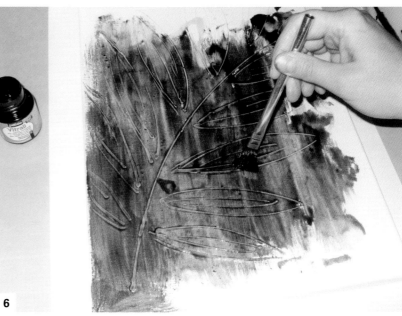

6

**8.** Aussitôt que l'Effet délavé est terminé, laissez tomber quelques gouttes de médium éclaircissant ici et là dans le bas de la toile pour ajouter de la fantaisie.

**9.** Tracez grossièrement le contour des feuilles avec le cerne relief transparent pailleté (directement sur la peinture fraîche). Ces lignes ne doivent pas être par-dessus celles qui sont transparentes et le trait doit être fin.

**10.** Laissez sécher complètement.

**11.** Peignez le rebord de la toile en noir et vernissez-le.

**7**

> **Idée !**
> Tous les tons conviennent à cette toile. Changez simplement la couleur de base (Greengold).

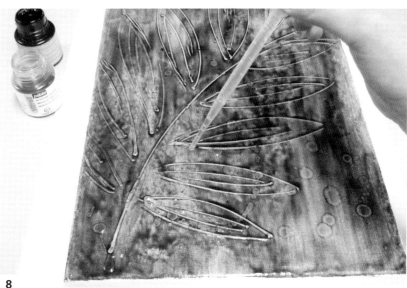

**8**

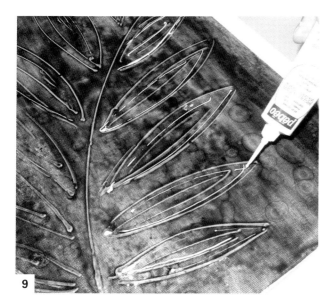

**9**

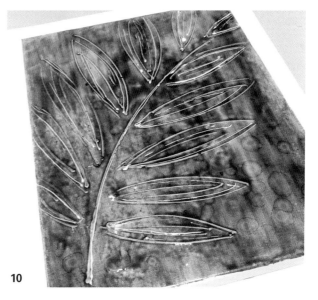

**10**

## 22

Une lampe colorée !

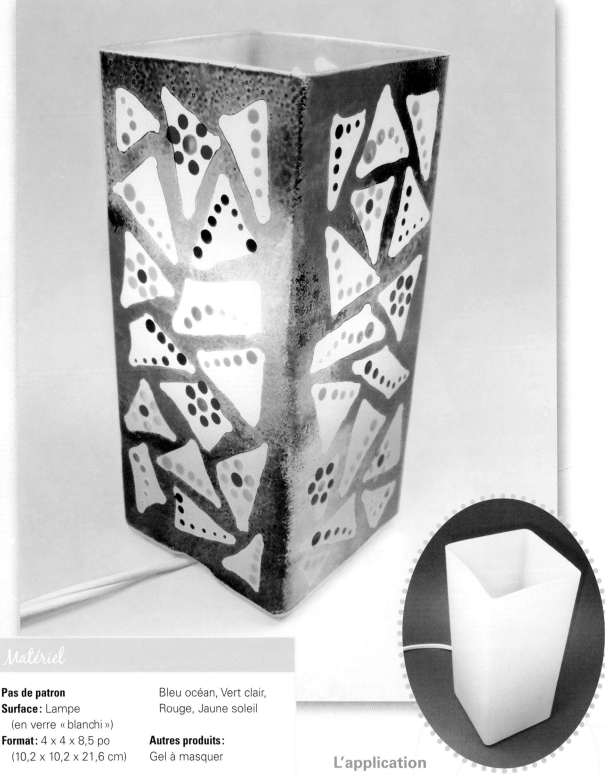

## Matériel

**Pas de patron**
**Surface :** Lampe
(en verre « blanchi »)
**Format :** 4 x 4 x 8,5 po
(10,2 x 10,2 x 21,6 cm)

**Liste des couleurs :**
Lampe : Vert pomme,
Cramoisi, Orange,
Turquoise
Points décoratifs
(facultatif) :

Bleu océan, Vert clair,
Rouge, Jaune soleil

**Autres produits :**
Gel à masquer

**Autre matériel :**
Lame, ciseaux, carrés
d'éponge en mousse,
gants protecteurs
(facultatif), assiette
en styromousse

L'application
des couleurs à
l'éponge, combinée
au gel à masquer, transforme
merveilleusement bien une petite
lampe bien ordinaire.

### Préparation de la pièce

1. Nettoyez la surface avec de l'alcool à friction et un papier absorbant.

### Traçage des formes (gel à masquer)

*Faites un côté à la fois. Déposez la lampe à l'horizontale.*

2. Tracez des triangles de toutes les formes et de différentes tailles avec le gel à masquer. Espacez-les d'environ 0,2 po (5 mm) et laissez une bordure intacte autour de la lampe.

3. Ensuite, remplissez-les de gel. Laissez sécher complètement (ça peut prendre 24h à sécher si la couche est très épaisse, dépendamment de l'humidité).

4. **Note :** vous pouvez faire les quatre côtés de la lampe si cette dernière est sur son socle, mais c'est moins pratique et plus difficile à faire qu'à plat.

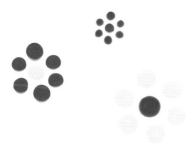

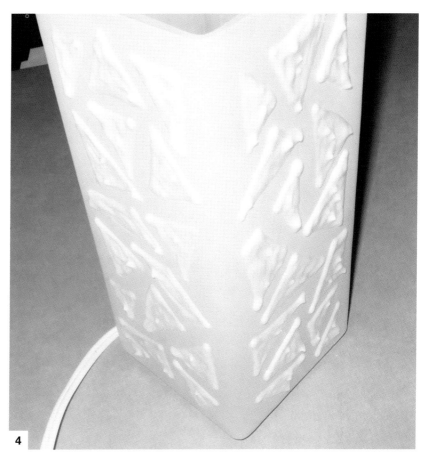

### Applications des couleurs

*Technique d'application des couleurs à l'éponge (voir le chapitre 2). Faites un côté à la fois.*

5. Versez une petite quantité de chaque couleur sur une assiette en styromousse (Vert pomme, Cramoisi, Orange, Turquoise). Trempez un carré d'éponge dans chaque couleur et tapotez sur place pour répartir la peinture dans l'éponge.

**6.** Tapotez la surface de la lampe avec les couleurs en alternance. Assurez-vous de bien tapoter tout près des triangles bombés. Chaque côté de la lampe est unique et les couleurs peuvent être appliquées dans l'ordre qui vous plaît. Nettoyez ensuite tout débordement sur le dessus et sur la bordure du bas de la lampe avec un coton-tige imbibé de solvant. Ne laissez pas sécher et passez immédiatement à l'étape suivante.

Fin de l'application des couleurs sur un côté.

**7.** Aussitôt qu'un côté est peint, retirez toutes les formes en gel avec une lame. Attention : cette étape est délicate, car il faut **piquer uniquement dans le gel** sans égratigner la lampe (enfilez des gants si vous ne voulez pas vous salir les mains…). Nettoyez, s'il y a lieu, les débordements avec un coton-tige trempé dans du solvant.

**8.** Répétez ces étapes pour les trois autres côtés de la lampe et laissez sécher complètement 24h avant de passer à l'étape de finition.

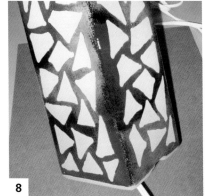

**Étape de finition**

**9.** Décorez chaque forme blanche avec des fleurs et des petits points (voir le chapitre 2 : Techniques des petits points). Ici, j'ai utilisé les couleurs Bleu océan, Jaune soleil, Orange, Turquoise, Rouge et Vert clair. Laissez sécher 24h.

# Annexes

Chartes des couleurs et mélanges

# Charte des couleurs et mélanges

Les informations contenues dans ce chapitre vous sont transmises à titre informatif.
Il est évidemment possible qu'avec le temps certains produits ne soient plus disponibles sur le marché ou que certaines couleurs/numéros soient modifiés.

**Gamme de peinture Vitrail (*Pébéo*)**

## Couleurs transparentes

| Liste des couleurs | Numéro | Nom anglais |
|---|---|---|
| Blanc | 20 | White |
| Bleu ciel | 36 | Sky blue |
| Bleu cobalt | 37 | Cobalt blue |
| Bleu profond | 10 | Deep blue |
| Bleu turquoise | 17 | Turquoise blue |
| Brun | 11 | Brown |
| Chartreuse | 18 | Chartreuse |
| Citron | 23 | Lemon |
| Cramoisi | 12 | Crimson |
| Émeraude | 13 | Emerald |
| Greengold | 22 | Greengold |
| Jaune | 14 | Yellow |
| Nacré | 39 | Pearl |
| Noir | 15 | Black |
| Or | 38 | Gold |
| Orange | 16 | Orange |
| Parme | 33 | Parma |
| Pourpre | 26 | Purple |
| Rose | 21 | Pink |
| Sable | 30 | Sand |
| Saumon | 32 | Salmon |
| Vert foncé | 35 | Dark green |
| Vert pomme | 34 | Apple Green |
| Vieux rose | 31 | Old pink |
| Violet | 25 | Violet |
| Violet rouge | 19 | Red Violet |

## Couleurs Opale (Opaque)

| Liste des couleurs | Numéro | Nom anglais |
|---|---|---|
| Bleu jeans | 44 | Blue jeans |
| Bleu océan | 43 | Ocean blue |
| Clémentine | 46 | Clementine |
| Étain | 47 | Pewter |
| Jaune blé | 40 | Wheat yellow |
| Jaune soleil | 41 | Sun yellow |
| Or chaud | 48 | Warm gold |
| Rouge | 45 | Red |
| Super blanc | 49 | Super white |
| Vert clair | 42 | Light green |

## Autres médiums de la gamme Vitrail

| Nom français | Nom anglais |
|---|---|
| Médium éclaircissant | Lightening medium |
| Médium pailleté | Glitter medium |
| Médium mat | Matt medium |
| Médium à craqueler | Crackle medium |

## Charte des couleurs transparentes

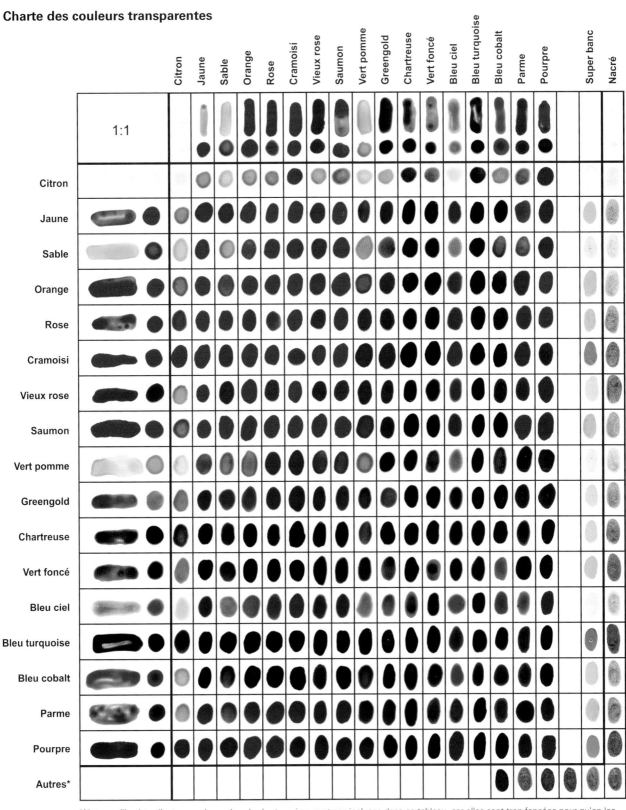

*Notez qu'il existe d'autres couleurs dans la charte qui ne sont pas incluses dans ce tableau, car elles sont trop foncées pour qu'on les voie bien. Vous pouvez toutefois observer leur résultat une fois qu'elles sont mélangées avec le Nacré (Noir, Brun, Violet, Bleu profond, Vert foncé, Violet rouge).

## Charte des couleurs Opale (Opaque)

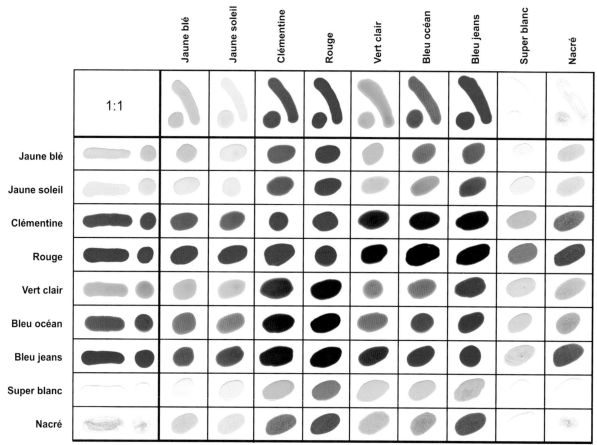

*Prenez note que les couleurs Étain et Or chaud ne sont pas sur ce tableau.

## Prisme

| Liste des couleurs | Numéro | Nom anglais |
|---|---|---|
| Blanc coquille | 20 | Eggshell white |
| Bleu caraïbes | 39 | Caribbean blue |
| Bleu nuit | 36 | Midnight blue |
| Bouton d'or | 24 | Buttercup |
| Cannelle | 33 | Cinnamon |
| Cendre bleue | 37 | Ash blue |
| Châtaigne | 31 | Chestnut |
| Émeraude | 18 | Emerald |
| Feuille | 29 | Leaf |
| Fleur de cerisier | 14 | Cherry blossom |
| Greengold | 35 | Greengold |
| Jaune d'été | 23 | Summer yellow |
| Mandarine | 16 | Mandarine |
| Marina | 38 | Marina |

| Liste des couleurs | Numéro | Nom anglais |
|---|---|---|
| Ombre verte | 34 | Green umber |
| Onyx | 51 | Onyx |
| Pierre de lune | 50 | Moonstone |
| Rose antique | 22 | Antique pink |
| Rose bleutée | 28 | Bluish rose |
| Rose glacée | 21 | Icy pink |
| Rouge anglais | 13 | English red |
| Turquoise | 40 | Turquoise |
| Vermillon | 12 | Vermilion |
| Vert amande | 17 | Almond green |
| Vert nacré | 19 | Pearl green |
| Vieil or | 32 | Antique gold |
| Violette | 26 | Violet |
| Violine nacrée | 25 | Pearl violine |

## Charte des couleurs « Prisme »

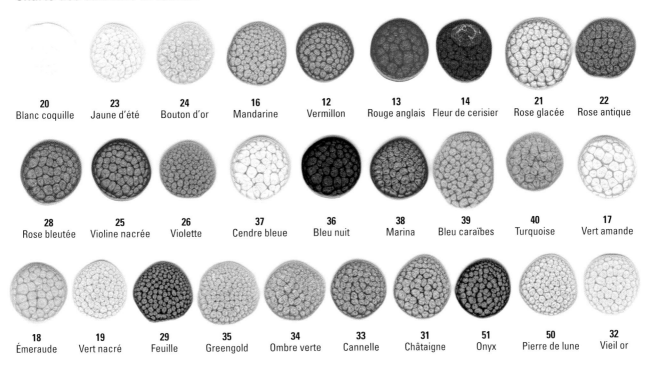

**20** Blanc coquille · **23** Jaune d'été · **24** Bouton d'or · **16** Mandarine · **12** Vermillon · **13** Rouge anglais · **14** Fleur de cerisier · **21** Rose glacée · **22** Rose antique

**28** Rose bleutée · **25** Violine nacrée · **26** Violette · **37** Cendre bleue · **36** Bleu nuit · **38** Marina · **39** Bleu caraïbes · **40** Turquoise · **17** Vert amande

**18** Émeraude · **19** Vert nacré · **29** Feuille · **35** Greengold · **34** Ombre verte · **33** Cannelle · **31** Châtaigne · **51** Onyx · **50** Pierre de lune · **32** Vieil or

*Moon*

| Liste des couleurs | Numéro | Nom anglais |
|---|---|---|
| Abricot | 16 | Apricot |
| Argent | 35 | Silver |
| Bleu métal | 38 | Metal blue |
| Bois de rose | 23 | Rosewood |
| Carmin | 12 | Carmine |
| Chocolat | 34 | Chocolate |
| Ébène | 26 | Ebong |
| Émeraude | 18 | Emerald |
| Lilas | 22 | Lilac |

| Liste des couleurs | Numéro | Nom anglais |
|---|---|---|
| Or | 32 | Gold |
| Perle | 20 | Pearl |
| Sable | 15 | Sand |
| Saumon | 19 | Salmon |
| Turquoise | 36 | Turquoise |
| Vermeil | 33 | Vermeil |
| Vert mystique | 17 | Mystic green |
| Vieux rose | 21 | Antique pink |
| Voile de fumée | 11 | Veil of smoke |

## Charte des couleurs « Moon »

| **15** Sable | **16** Abricot | **19** Saumon | **12** Carmin | **23** Bois de rose | **21** Vieux rose |
|---|---|---|---|---|---|
| **22** Lilas | **38** Bleu métal | **36** Turquoise | **18** Émeraude | **17** Vert mystique | **33** Vermeil |
| **34** Chocolat | **20** Perle | **11** Voile de fumée | **26** Ébène | **35** Argent | **32** Or |

### Erratum

Projet papillon (tome 1 – page 71)

Voici ce qu'il faut corriger dans le texte du projet :

– Sections A – p. 73 : La couleur Bleu cobalt (B) est en réalité Bleu ciel.

– Sections E – p. 75 : Vert pomme est en réalité Chartreuse.

– Sections C – p. 74 : Il n'y a pas de Or dans ces sections.

Désolée pour ces erreurs, mais avouez que le papillon pourrait être aussi beau dans n'importe quelle couleur de la gamme !

# Patrons

Ce chapitre contient tous les patrons nécessaires
à la réalisation des projets de ce livre. Certains
patrons auront toutefois besoin d'être agrandis
(ex. : photocopie) pour pouvoir réaliser les projets
dans leurs formats originaux.

N'hésitez pas à changer les formats proposés
afin de les adapter à votre pièce ou à votre décor
(ex. : un projet sur un cadre de bois peut très bien
se réaliser sur une toile).

Référence : Julie Lafaille, *Faux-vitrail, tome 2*, Broquet 2014

*1. Cocktail estival !*

2. *Les fleurs de grand-maman Lulu*

Référence : Julie Lafaille, *Faux-vitrail, tome 2*, Broquet 2014

Modèle original : agrandir ce patron à 110 %

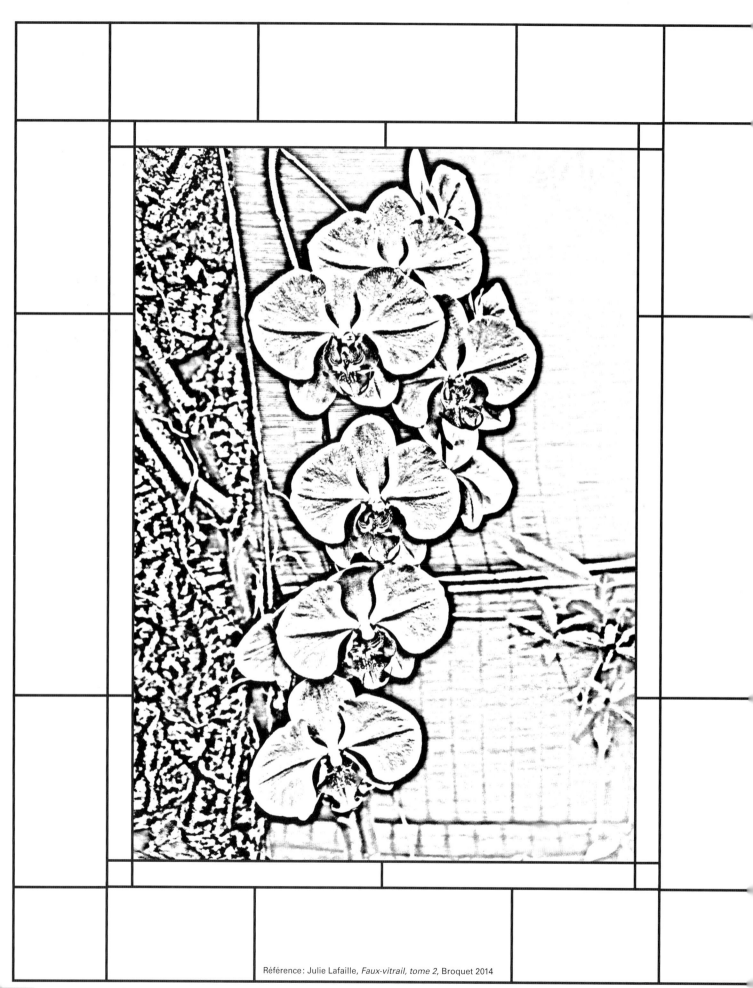

Référence : Julie Lafaille, *Faux-vitrail, tome 2*, Broquet 2014

3. *Orchidées sur acétate (versions 1 et 2)*

Modèle original : patron à 100 %

Modèle original : agrandir cette image à 175 %

Référence : Julie Lafaille, *Faux-vitrail, tome 2*, Broquet 2014

Référence : Julie Lafaille, *Faux-vitrail, tome 2*, Broquet 2014

*4. Africa (zèbre)*

Modèle original : agrandir ce patron à 220 %

Référence: Julie Lafaille, *Faux-vitrail*, tome 2, Broquet 2014

*5. Hibou chic !*

Modèle original : agrandir ce patron à 275 %

Référence : Julie Lafaille, *Faux-vitrail, tome 2*, Broquet 2014

Référence : Julie Lafaille, *Faux-vitrail, tome 2*, Broquet 2014

## 9. Cadre passe-partout

Modèle original : patron à 100 %

*10. Un hibou chouette!*

Référence: Julie Lafaille, *Faux-vitrail, tome 2*, Broquet 2014

Modèle original: agrandir ce patron à 200 %

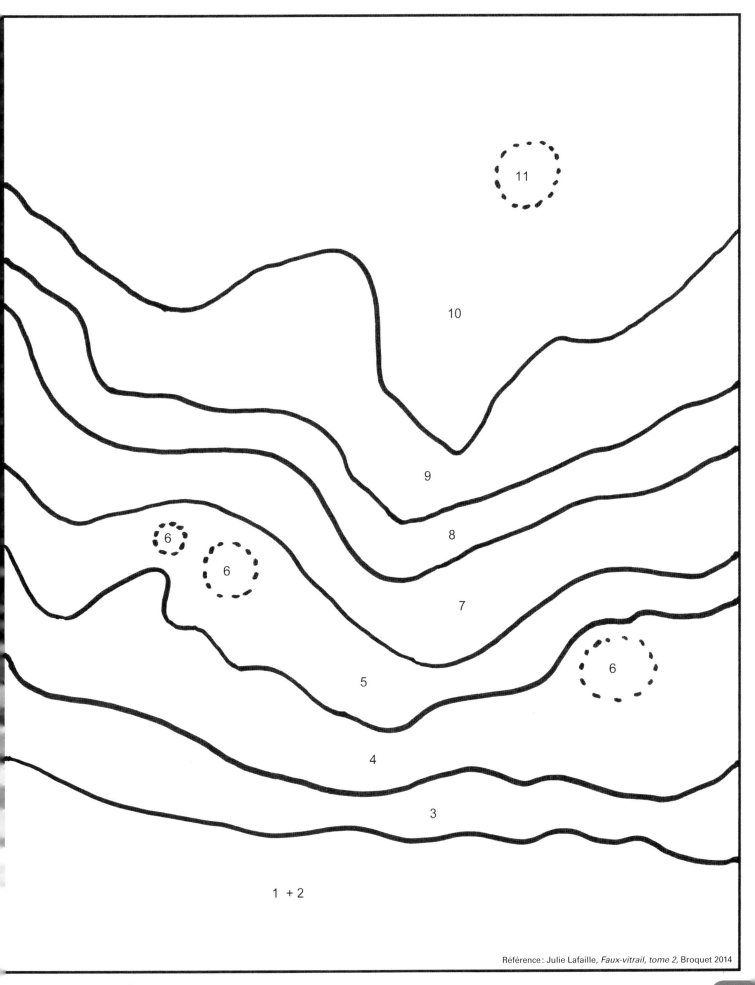

11 10 9 8 7 6 6 6 5 4 3 1 + 2

Référence : Julie Lafaille, *Faux-vitrail, tome 2*, Broquet 2014

*11. Art abstrait 1*

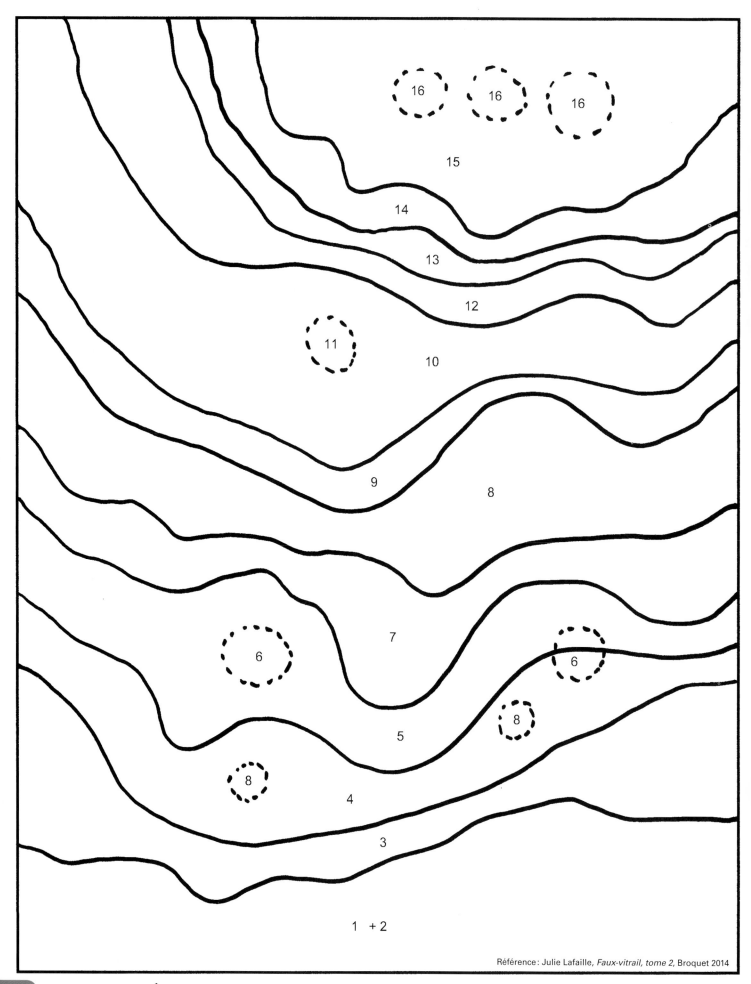

16  16  16

15

14

13

12

11  10

9  8

7

6  6

8

5

8

4

3

1 + 2

Référence : Julie Lafaille, *Faux-vitrail, tome 2*, Broquet 2014

*12. Art abstrait 2*

Modèle original : agrandir ce patron à 140 %

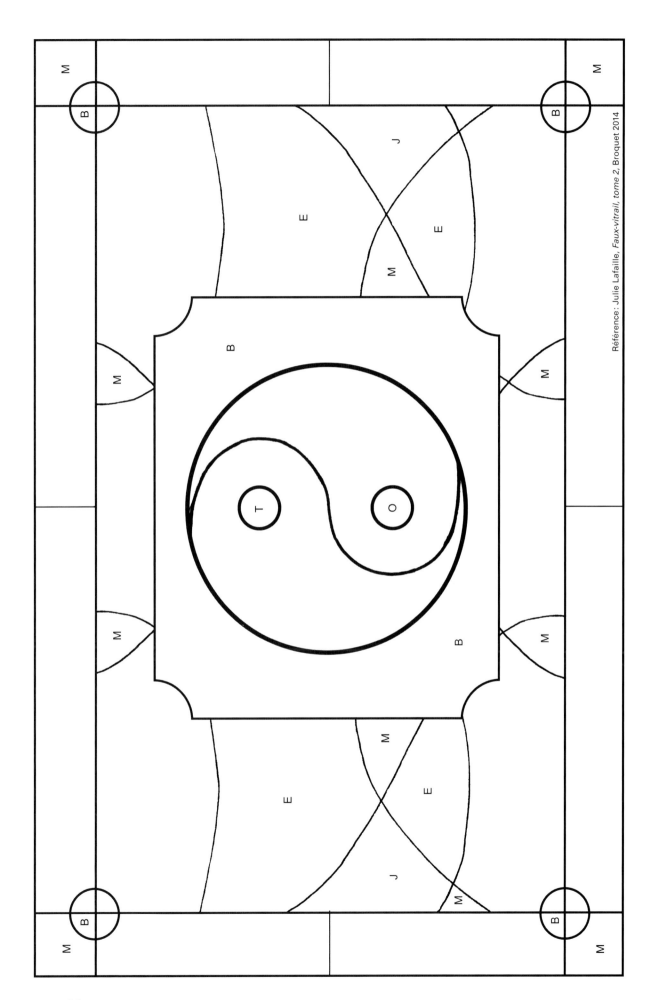

13. Coffre yin yang !

Modèle original : agrandir ce patron à 120 %

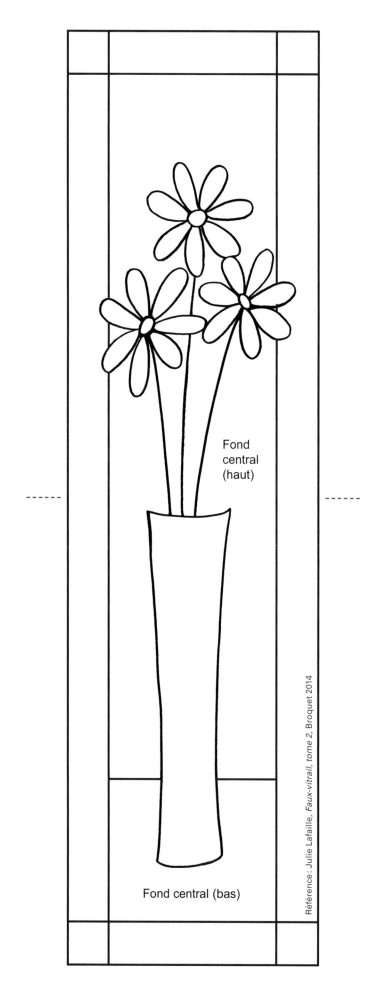

Fond
central
(haut)

Fond central (bas)

Référence : Julie Lafaille, *Faux-vitrail, tome 2*, Broquet 2014

*14. Marguerites art déco !*

Modèle original : agrandir ce patron à 250 %

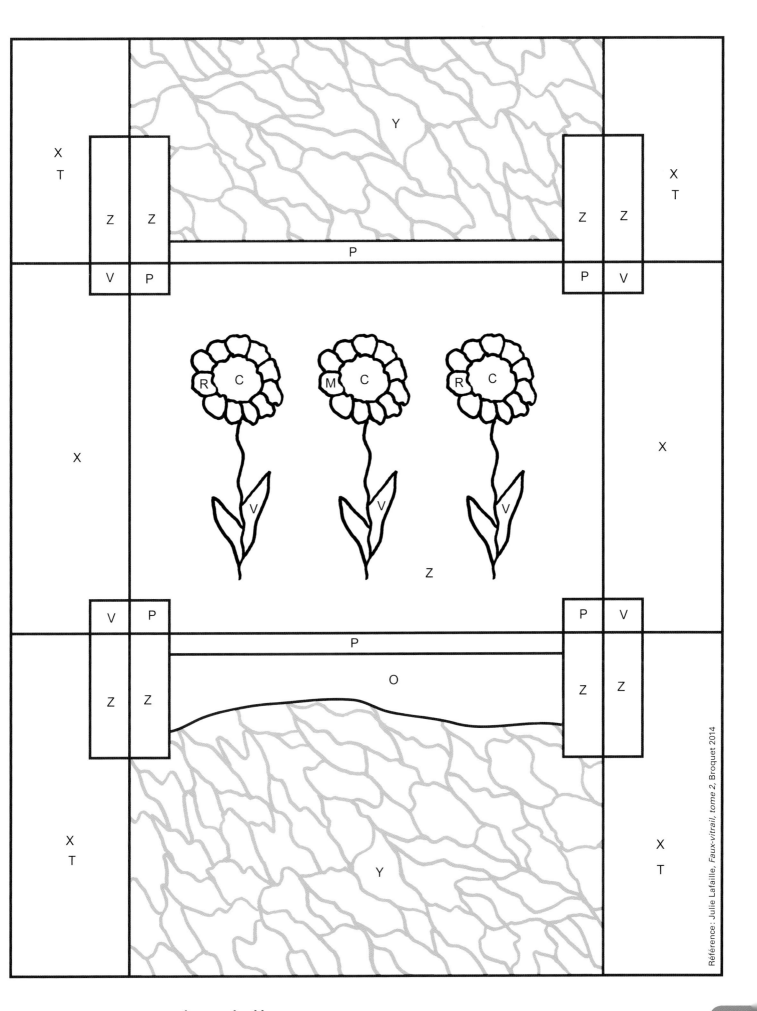

15. *Faux-vitrail ensoleillé*

Modèle original : agrandir ce patron à 140 %

Référence : Julie Lafaille, *Faux-vitrail, tome 2*, Broquet 2014

Référence : Julie Lafaille, *Faux-vitrail, tome 2*, Broquet 2014

*16. Arbre fleuri*

Modèle original : agrandir ce patron à 200 %

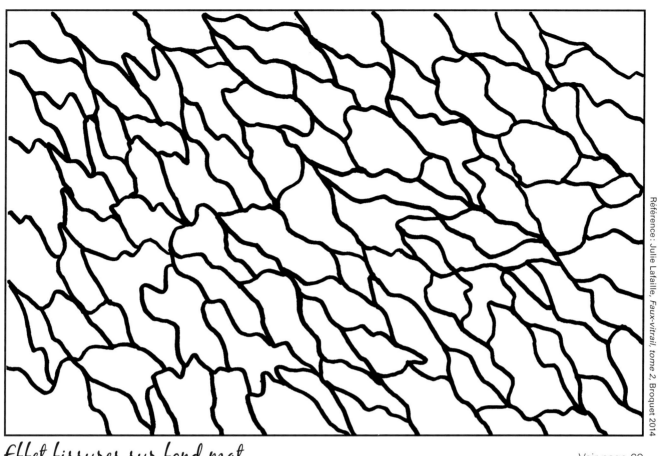

Référence : Julie Lafaille, *Faux-vitrail, tome 2*, Broquet 2014

*Effet fissures sur fond mat*

Voir page 69

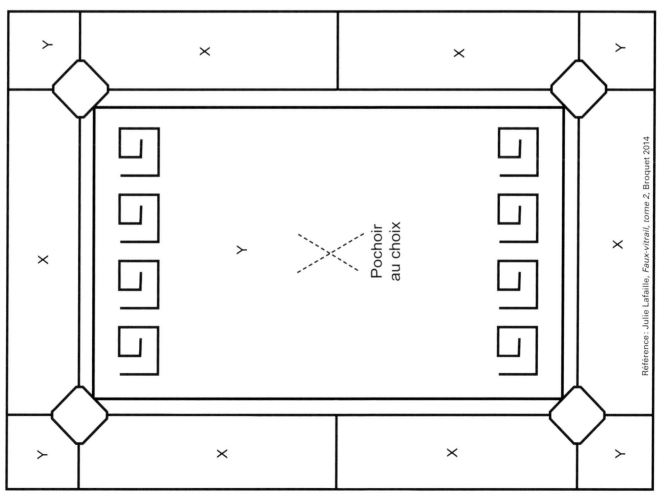

Pochoir au choix

Référence : Julie Lafaille, *Faux-vitrail, tome 2*, Broquet 2014

*17. Faux-vitrail bonsaï*

Modèle original : patron à 100 %

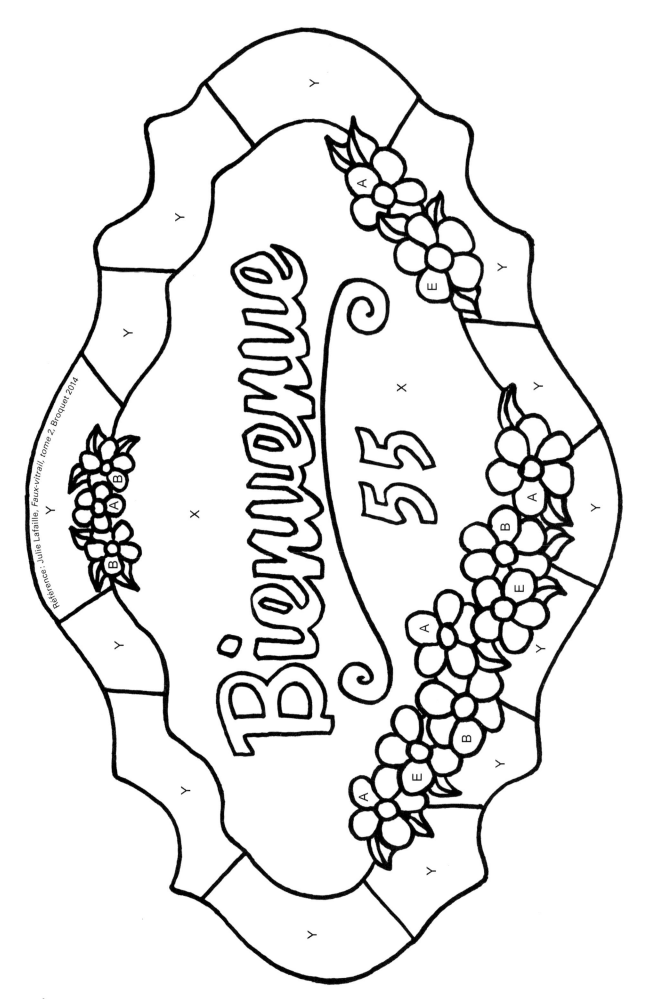

Référence : Julie Lafaille, *Faux-vitrail, tome 2* Broquet 2014

*18. Plaque Bienvenue !*

Modèle original : agrandir ce patron à 140 %

19. Plaque d'adresse (55)

Référence : Julie Lafaille, Faux-vitrail, tome 2, Broquet 2014

Modèle original : patron à 100 %

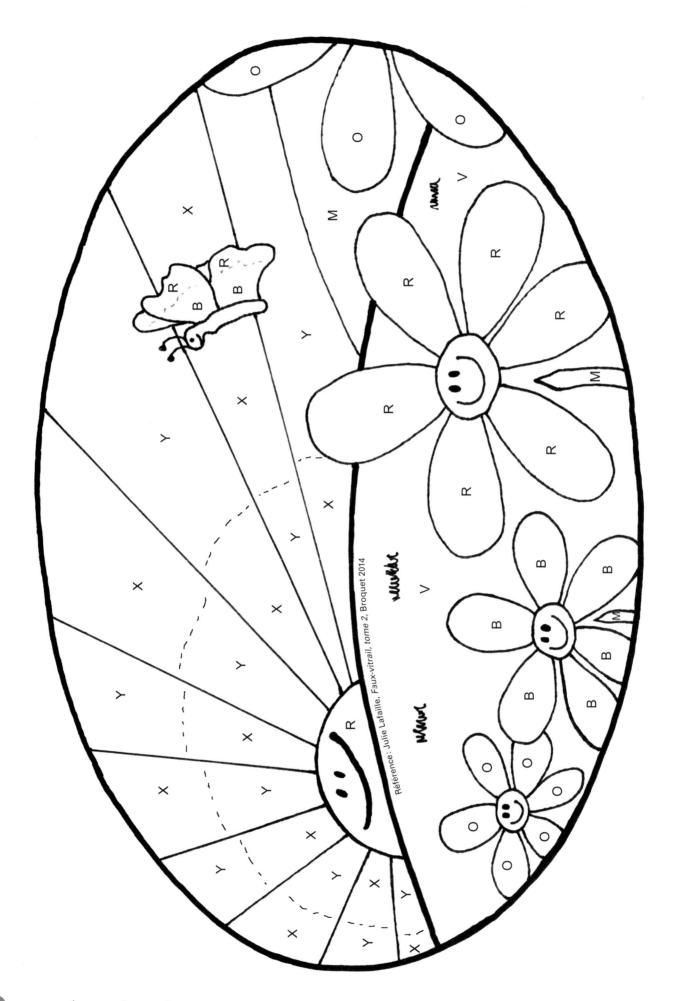

Référence: Julie Lafaille, Faux-vitrail, tome 2, Broquet 2014

*20. Plaque décorative*     Modèle original : patron à 100 %

**21. Feuillage sur toile**

Modèle original : agrandir ce patron à 140 %

# Crédits et ressources

Produits Vitrail, Moon, Prisme,
gel acrylique brillant, pâtes à texturer,
Résine de glaçage et Résine cristal Gédéo,
bijoux prêts à peindre, essence minérale inodore,
cernes relief variés :
Pébéo
**www.pebeo.com**

Cadres vitrés, toiles de bois, toiles d'artiste,
panneaux à couler :
Gotrick inc
**www.gotrickinc.com**

Feuille semi-rigide transparente (duralar) et
matériel de peinture divers :
**www.deserres.ca**

Pinceaux en caoutchouc Catalyst :
Princeton Artist Brush Co.
**www.princetonbrush.com**

Formes prédécoupées en acrylique (rigide) :
Créations Country Bear
**www.country-bear-wood.com**

Lampe (acrylique semi-rigide) :
Atelier EsArts
**www.esarts.ca**

Livres avec couverture rigide, pièces de bois,
matériel de peinture divers :
Atelier de bois brillant
**www.atelierboisbrillant.com**

Gel à masquer (Resist gel) :
Etchall
**www.etchall.com**

Lampe en verre, coffre, cadre en plexiglas, boîtes
en carton, pièces de bois diverses :
Magasins d'artisanats et brocantes

Patrons et DVD de techniques mixtes (faux-vitrail) :
**www.desideespleinlatete.com**

Site dédié aux arts visuels
(publications et informations) :
Diffuzart
**www.diffuzart.com**

Pochoirs pour faux-vitrail « Bonsaï » ou autres :
Collection « Des idées plein la tête »
**www.desideespleinlatete.com**

Pour en savoir plus sur Julie Lafaille :

www.desideespleinlatete.com

www.juliescraftingideas.com

Courriel : julielafaille@desideespleinlatete.com

ou julielafaille@juliescraftingideas.com

Groupe et Page Facebook